**Autor** _ Bakunin
**Título** _ Revolução e liberdade

Copyright _ Hedra 2010

Tradução© _ Plínio Augusto Coêlho

Corpo editorial _ Adriano Scatolin,
Alexandre B. de Souza,
Bruno Costa, Caio Gagliardi,
Fábio Mantegari, Felipe C. Pedro,
Iuri Pereira, Jorge Sallum,
Oliver Tolle, Ricardo Musse,
Ricardo Valle

Dados _

Dados Internacionais de Catalogação na Publicação (C

B142  Bakunin, Mikhail (1814–1876)
Revolução e liberdade. Cartas de 1845 a 1875.
/ Bakunin. Tradução e organização de Plínio
Augusto Coêlho. Introdução de Felipe
Corrêa. – São Paulo: Hedra, 2010. (Estudos
Libertários). 182 p.

ISBN 978-85-7715-203-2

1. Movimento Político. 2. Sistema Político.
3. Anarquismo. I. Título. II. Cartas.
III. Bakunin, Mikhail Aleksandrovitch
(1814–1876). IV. Coêlho, Plínio Augusto.
V. Corrêa, Felipe.

CDU 329.285
CDD 320.57

Elaborado por Wanda Lucia Schmidt CRB-8-1922

Direitos reservados em língua
portuguesa somente para o Brasil

EDITORA HEDRA LTDA.

Endereço _

R. Fradique Coutinho, 1139 (subsolo)
05416-011 São Paulo SP Brasil

Telefone/Fax _ +55 11 3097 8304

E-mail _ editora@hedra.com.br

Site _ www.hedra.com.br

Foi feito o depósito legal.

| | |
|---:|:---|
| Série _ | Estudos Libertários |
| Autor _ | Bakunin |
| Título _ | Revolução e liberdade |
| Organização e tradução _ | Plínio Augusto Coêlho |
| Introdução _ | Felipe Corrêa |
| São Paulo _ | 2010 |

hedra

**Mikhail Alexandrovitch Bakunin** (Tver, 1814–Berna, 1876) foi um revolucionário russo que contribuiu, determinantemente, em teoria e prática, para o desenvolvimento do anarquismo na Europa ocidental, tendo influência nos rumos do movimento de trabalhadores, em nível mundial. Bakunin nasceu em uma família de nobres russos, foi educado em casa e seguiu aos catorze anos para a carreira no exército, abandonando-a em 1835. Vai a Moscou, onde participa do círculo de Stankevitch, apaixonando-se pelo romantismo e pelo idealismo alemão, especialmente por Fichte e Hegel. Em 1840, vai a Berlim onde integra-se à esquerda hegeliana e publica artigos. Converte-se ao comunismo e toma contato com a causa dos eslavos, ingressando na luta contra o imperialismo. Influencia-se na relação com P.-J. Proudhon e tem contato com Marx. Participa, em 1848, dos levantes na França e da Insurreição de Praga, e, em 1849, prepara a Insurreição da Boêmia e destaca-se como comandante militar do levante de Dresden. Preso, permanece na prisão e no exílio com trabalhos forçados de 1849 a 1861, quando foge, chegando a Londres. Logo integra-se à vida política, escrevendo e atuando; vai, em 1865, para a Itália, onde desenvolve intenso trabalho de propaganda e organização, fundando a Fraternidade Internacional, uma organização política secreta. Participa dos Congressos da Liga da Paz e da Liberdade em 1867 e 1868, quando a maioria dos membros da Liga nega-se a aceitar o programa socialista, federalista e antiteísta que propunha. Esse fato fez com que Bakunin e outros militantes rompessem e fundassem a Aliança da Democracia Socialista. É somente em meados dos anos 1860 que Bakunin adere completamente ao anarquismo, fato que se consolida com sua entrada na Internacional. Produz, nesse momento, diversos escritos e envolve-se nas discussões de seu tempo. Exerce ampla influência na Internacional, especialmente nos países latinos. Ameaçando a hegemonia de Marx, é expulso em 1872, quando funda, com um amplo setor egresso da Internacional, a Internacional "Antiautoritária". Participa da Insurreição de Bolonha em 1874 e, ao final da vida, retira-se da política e falece na Suíça em 1876. Destacam-se, no último período de sua vida, algumas de suas posições: o materialismo não economicista como método de análise, a crítica do capitalismo, do imperialismo e, fundamentalmente, do Estado, a estratégia de luta do proletariado internacional, o classismo e a própria concepção de classe e de sujeito revolucionário, além da defesa intransigente da revolução social.

**Revolução e liberdade** é uma compilação de cartas de Bakunin, organizada por Plínio Augusto Coêlho, que reúne trinta correspondências escritas entre 1845 e 1875. Nelas, são retratados aspectos pessoais e políticos de sua vida: a relação com a família; as posições sobre a questão eslava; as prisões, o exílio e a fuga da Sibéria; as concepções sobre a revolução social; as posições programáticas; as relações com Marx e a participação na Associação Internacional dos Trabalhadores (Primeira Internacional); o período final de sua vida, quando se retira da política. Essa publicação é relevante para que a história de Bakunin, e, consequentemente, a história dos diversos acontecimentos que a ele estiveram ligados, possa ser conhecida, compreendida e analisada, com base em fontes primárias elaboradas pelo próprio autor.

**Plínio Augusto Coêlho** é tradutor desde 1984, quando fundou a Novos Tempos Editora, em Brasília, dedicada à publicação de obras libertárias. A partir de 1989, transfere-se para São Paulo, onde cria a Editora Imaginário, mantendo a mesma linha de publicações e traduzindo dezenas de obras. É o maior tradutor e editor das obras de Bakunin em português, incluindo, dentre suas traduções, *Federalismo, socialismo e antiteologismo* (Cortez, 1988), *O princípio do Estado e outros ensaios* (Hedra, 2008) e *Estatismo e anarquia* (Imaginário/Ícone, 2003). É idealizador e cofundador do IEL (Instituto de Estudos Libertários).

**Felipe Corrêa** é editor pós-graduado pela Escola de Sociologia e Política de São Paulo e pesquisador do anarquismo e dos movimentos populares.

**Série Estudos Libertários** reúne obras, em sua maioria inéditas em língua portuguesa, que foram escritas pelos expoentes da corrente libertária do socialismo. Importante base teórica para a interpretação das grandes lutas sociais travadas desde a segunda metade do século XIX, explicitam a evolução da ideia e da experimentação libertárias nos campos político, social e econômico, à luz dos princípios federalista e autogestionário.

# SUMÁRIO

Introdução, por Felipe Corrêa ............................ 9

**REVOLUÇÃO E LIBERDADE** ............................ 41

O amor e a família ............................ 43
Ao irmão Pavel, 1845 .................... 43

A Alemanha e a questão eslava ............................ 47
A Pavel Vasilievitch Annenkov, 1848 .................... 47
A Georg Herwegh, 1848 .................... 50
A Pierre-Joseph Proudhon, 1848 .................... 53
A Karel Sabina e Emmanuel Arnold, 1849 .................... 55

As prisões ............................ 57
A Franz Otto, 1849 .................... 57
A Mathilde Reichel, 1850 .................... 62
A Mathilde Reichel, 1850 .................... 63
Ao czar Nicolau I, 1851 .................... 71
Aos irmãos e irmãs, 1854 .................... 73

O exílio na Sibéria ............................ 77
A Alexandre Herzen, 1860 .................... 77
A Alexandre Herzen, 1860 .................... 78

A fuga ............................ 85
A Mikhail Semenovitch Korsakov, 1861 .................... 85
A Alexandre Herzen, 1861 .................... 87
A Alexandre Herzen, 1861 .................... 90
A Nikolai Ivanovitch Turgueniev, 1861 .................... 92

A revolução social na França ............................ 95
A Albert Richard, 1870 .................... 95
A Albert Richard, 1870 .................... 99
Aos Internacionais de Lyon (Albert Richard), 1870 ...... 103
A Alphonse Esquiros, 1870 .................... 105

## Programa para um projeto de revista 113
A Petr Lavrov, 1870 . . . . . . . . . . . . . . . . . . . . . . 113

## Marx e a Internacional 119
Aos Internacionais de Bolonha, 1871 . . . . . . . . . . . . . . 119
A Francisco Mora, 1872 . . . . . . . . . . . . . . . . . . . . 144
Aos redatores do boletim da Federação do Jura, 1872 . . . . . 147
Aos amigos de Zurique, 1872 . . . . . . . . . . . . . . . . . 151
Ao Journal de Genève, 1873 . . . . . . . . . . . . . . . . . . 153
Aos redatores do boletim da Federação do Jura, 1873 . . . . . 157

## O repouso de um guerreiro 163
A Nikolai Ogarev, 1874 . . . . . . . . . . . . . . . . . . . . 163
A Élisée Reclus, 1875 . . . . . . . . . . . . . . . . . . . . . 166
A Adolf Reichel e Marija Kasparovna Reichel-Ern, 1875 . . . 169

## Cronologia 173

# INTRODUÇÃO

> Contar a vida de Bakunin é contar a vida do socialismo e da revolução na Europa durante mais de 30 anos (1840–1876), pois ele contribuiu ou participou de todos os progressos da ideia e dos fatos revolucionários.
>
> Filippo Turrati

Ainda que a maior parte das cartas de Bakunin tenha sido perdida, resta muita coisa. Neste volume, o leitor terá a possibilidade de conhecer boa parte delas: trinta correspondências que retratam um período de trinta anos (1845 a 1875) – portanto, da fase em que Bakunin atinge certo desenvolvimento e reconhecimento intelectual, até praticamente o final de sua vida.

Conforme afirmou o historiador Max Nettlau, nessas cartas

havia sempre vida, movimento, algo novo e tudo isso dá à correspondência de Bakunin uma característica especial: nela encontra-se a elaboração das ideias e sua apresentação em várias formas combinadas, a discussão das possibilidades e dos meios de ação e, portanto, sua concepção das questões políticas e sociais de seu tempo; nela observa-se também sua arte de estudar o caráter de cada um e de, por isso mesmo, fazer da sua ação a mais efetiva possível. Por isso, para conhecer Bakunin verdadeiramente, é necessário ainda levar em conta o que ele escreveu em sua imensa correspondência,

# INTRODUÇÃO

às vezes pelas explicações detalhadas, verdadeiros tratados, outras por algumas palavras como epigramas.[1]

Essa publicação das cartas de Bakunin é relevante, portanto, para que sua história, e, consequentemente, a história dos diversos acontecimentos que a ele estiveram ligados, possa ser conhecida, compreendida e analisada, com base em fontes primárias elaboradas pelo próprio autor.

Infelizmente, muito do que se escreveu, e que ainda se escreve, sobre Bakunin, baseia-se nas posições de seus detratores, em material antigo, ou mesmo em interpretações errôneas sem qualquer base empírica. Foi assim que se afirmou que Bakunin seria um agente russo a serviço do czar, que ele seria impotente e que seu espírito revolucionário não seria mais do que uma frustração em relação a isso, que ele teria um complexo de Édipo que o teria levado a uma paixão pela irmã, ou que ele teria escrito o *Catecismo revolucionário* de 1869, um texto maquiavélico que coloca o revolucionário como ser amoral, sustentando que os fins justificam os meios.

Além disso, pela atribulada vida de Bakunin, diversos escritos sobre ele tendem a enfatizar suas aventuras pessoais, os episódios particulares de sua vida, retratando-o como um espontaneísta, muitas vezes inconsequente, um idealista, utópico, conferindo menos importância à sua ação revolucionária, à sua capacidade organizativa, discursiva, persuasiva, ao seu materialismo, à sua influência nos mais amplos setores

[1] Max Nettlau. "Prologo". In: Mikhail Bakunin. *Obras completas, vol. 1.*, p. 7.

FELIPE CORRÊA

progressistas europeus e, fundamentalmente, à sua capacidade teórica. Mesmos os escritos mais simpáticos tenderam, na maior parte dos casos, a evidenciar um Bakunin que seria principalmente um "homem de ação", mas não um teórico de substância e fôlego.

Esta compilação insere-se no esforço que vem sendo realizado há anos de retomar e reescrever a história de Bakunin, não a partir daquilo que disseram seus desafetos, daqueles que consideraram somente parte de sua obra, ou das interpretações psicológicas teleológicas sem qualquer base. A publicação de suas obras completas no CD-ROM *Bakounine: Ouvres Completes*, pelo Instituto de História Social de Amsterdã, em 2000, resultado de praticamente um século de esforços para recuperar os escritos originais de Bakunin, fornece às novas gerações elementos fundamentais para chegarmos a posições mais definitivas e menos distorcidas sobre sua história, já que apresenta a totalidade de seus escritos e cartas. Um dos textos desta nova geração é a recente biografia *Bakunin: The Creative Passion* [*Bakunin: a paixão criativa*], escrita por Mark Leier e publicada em 2006 nos EUA pela St. Martin's Press, considerada por muitos a melhor biografia de Bakunin, fundamentalmente por levar em conta todos os seus originais, incluindo as descobertas mais recentes, suas principais biografias, e apresentar tanto os aspectos de sua vida pessoal como sua teoria e prática desenvolvidas no seio do movimento popular europeu do século XIX.

No Brasil, as traduções de Plínio Augusto Coêlho e as publicações da editora Imaginário / Novos Tempos, realizadas permanentemente desde os anos 1980, já nos

INTRODUÇÃO

colocam entre os principais países na tradução e publicação da obra de Bakunin, ainda que muito esteja por ser feito.

Esta introdução pretende oferecer ao leitor um pano de fundo da teoria e da prática de Bakunin, que foi, segundo as palavras do historiador G.D.H. Cole, "senão o fundador do anarquismo moderno, pelo menos sua liderança mais sobressalente quando, pela primeira vez, chegou a constituir-se como um movimento internacional organizado".[2] Para isso, dividi a trajetória de Bakunin em três períodos: o primeiro, que vai do nascimento em 1814 até a prisão em 1849, o segundo, que trata dos anos de prisão (1849-1861), terminando na fuga, e o terceiro, que vai da retomada das atividades revolucionárias na Europa, nos fins de 1861, até a morte em 1876. Dessa maneira, as cartas deste livro poderão ser entendidas dentro do contexto específico em que foram escritas, possibilitando relacioná-las com os acontecimentos e a conjuntura que envolveram a atuação de Bakunin.

## A VOLÚPIA DE DESTRUIR É AO MESMO TEMPO UMA VOLÚPIA CRIADORA

Mikhail Bakunin nasceu em 18 de maio de 1814, na propriedade de seu pai em Premukhino – uma localidade russa na província do Tver, entre Moscou e São Petersburgo. Seu pai, Alexandre Bakunin, era um membro da nobreza russa e havia herdado essa propriedade, juntamente com quinhentos servos; ainda que tivesse

[2]G.D.H. Cole. *Historia del Pensamiento Socialista, vol. II*, p. 203.

características conservadoras, Alexandre possuía inclinações humanitárias e liberais. Casou-se aos quarenta anos com Varvara Muriaeva, 24 anos mais nova, também da nobreza. Terceiro filho de Alexandre e Varvara, Bakunin passou a infância em Premukhino, foi educado em casa junto com as irmãs, e ingressou aos catorze anos na escola de artilharia de São Petersburgo.

Na escola militar, a disciplina, o autoritarismo, a postura dos outros cadetes e uma punição recebida fizeram com que perdesse o interesse pela carreira no exército e, ao mesmo tempo, descobrisse seus desejos pela liberdade e a necessidade da vida coletiva. Nem mesmo uma promoção a oficial aos dezoito anos o motivou; decidiu abandonar a escola nos fins de 1835.

Foi a Moscou onde, trabalhando como professor de matemática, dedicou-se à filosofia, participando do círculo de Stankevitch, no qual polemizou com Belinsky. O período de estadia em Moscou, que se estendeu até 1840, foi de um trabalho intelectual intenso com muita leitura, debates filosóficos e alguns escritos; apaixonou-se pelo romantismo e pelo idealismo alemão, influenciando-se especialmente por Fichte e Hegel. Sob a influência de Hegel, propôs uma reconciliação com a realidade, rompendo com as ideias puramente abstratas e sustentando que a ação prática e a resistência deveriam existir em relação direta com a teoria. Já em 1838, era um dos principais hegelianos russos e, buscando a continuidade de seu desenvolvimento intelectual, decidiu ir à Alemanha, o que fez em meados de 1840.

Na Alemanha, Bakunin residiu em Berlim de 1840 a 1842, onde fez parte da extrema esquerda hegeliana, revolucionária e ateia, que contava com Feuerbach e Bruno Bauer. Sua evolução intelectual nesse período se deu, principalmente, pela influência de Ruge, Werder e Schelling. Em outubro de 1842 publicou "A reação na Alemanha", que apresenta duas contribuições fundamentais: a primeira, uma interpretação de Hegel que constituiria as bases de uma transformação revolucionária; a segunda, uma dialética que, ainda que fundamentada em Hegel, diferencia-se de sua dialética triádica clássica, propondo uma dialética baseada somente em dois elementos, um positivo e outro negativo, cujo resultado seria a criação de um novo positivo, sem relação com o antigo. Uma frase finaliza esse texto, sintetizando suas ideias acerca da dialética e da revolução: "a volúpia de destruir é, ao mesmo tempo, uma volúpia criadora".[3]

Fugindo da repressão que se abatia sobre seu círculo de relações, Bakunin foi a Zurique no início de 1843, onde teve contato com o comunismo, por meio de Weitling, e foi influenciado por Feuerbach. Weitling foi preso e Bakunin denunciado ao governo russo que, em fevereiro de 1844, intimou-o a apresentar-se para retornar à Rússia. Fugindo da justiça russa, foi a Bruxelas, onde fez contato com emigrados poloneses, que lhe falaram da opressão sofrida pelo povo eslavo e promovida pela Rússia, Prússia, Áustria e Turquia, o que o interessou e fez com que iniciasse um engajamento na luta anti-imperialista do povo eslavo contra seus opres-

[3]Mikhail Bakunin. "A reação na Alemanha", 1842. Os textos de Bakunin citados em nota estão, todos, com os títulos em português; para verificar os títulos originais, e a existência ou não de tradução, ver a bibliografia.

FELIPE CORRÊA

sores. Depois dessa breve passagem pela Bélgica, foi a Paris, onde recebeu a notícia de que fugir do governo russo havia lhe custado uma condenação, que previa a perda de seus direitos de nobreza, o confisco de bens e a deportação para a Sibéria.

Permaneceu em Paris de 1844 a 1847, vinculando-se a Proudhon, o francês proletário e socialista que havia publicado *O que é a propriedade?* em 1840, um livro que fundamentava a crítica socialista ao sistema capitalista baseado na propriedade privada. Proudhon, com a publicação dessa obra e de diversas outras, influenciou determinantemente Bakunin com seu socialismo que previa um federalismo autogestionário que, aplicado na economia e na política, colocaria os trabalhadores à frente da gestão de seus próprios assuntos, conciliando a liberdade individual e coletiva, e prevendo uma co-existência da propriedade coletiva com a propriedade individual dos camponeses que, sob a noção de posse, garantiria o fim da exploração do trabalho na cidade e no campo.

Ainda em 1844, na busca pela organização e pelo trabalho prático, Bakunin engajou-se definitivamente na luta pela independência dos eslavos, motivado pelo caso dos poloneses, aos quais se aliou, apoiando agitações locais, propondo uma aliança entre o povo russo e o polonês contra o imperialismo e em favor da autodeterminação dos povos. Bakunin considerava a libertação nacional como o primeiro passo na luta por uma revolução de bases democráticas, que deveria conduzir a uma república federativa dos países eslavos. Em novembro de 1847, discursou na comemoração da insurreição po-

## INTRODUÇÃO

lonesa de 1831, enfatizando essa sua proposta de aliança dos eslavos na luta contra a opressão do governo russo. Aclamado pelos 1500 presentes, o discurso custou-lhe a expulsão da França.

Retornando a Bruxelas, Bakunin reencontrou Marx, que havia conhecido em 1844. Profundamente diferentes, ainda que fossem egressos do hegelianismo de esquerda, Marx e Bakunin já se desentendiam por questões pessoais e políticas. Além do rompimento entre Marx e Proudhon, que certamente contribuía com esse desentendimento, destacam-se, já nesse momento, três pontos de divergência entre Bakunin e Marx: as relações entre teoria e prática, as concepções de dialética e do desenvolvimento histórico. Marx buscava desenvolver uma teoria que dotasse o proletariado de capacidade filosófica, defendia a dialética hegeliana clássica – no esquema tese, antítese e síntese – e, baseando-se em sua concepção materialista, entendia o capitalismo como uma etapa necessária para o alcance do socialismo, o que se poderia chamar de "etapismo". Bakunin, diferentemente, acreditava que teoria e prática deveriam nutrir-se mutuamente, considerava impossível a conciliação entre tese e antítese – para ele, essa conciliação poderia apontar para o reformismo – e sustentava que a revolução deveria ser buscada imediatamente, nos países mais e menos desenvolvidos.

Em fevereiro de 1848 estourou a revolução em Paris, que se inseriu dentro dos episódios que ficaram conhecidos como a Primavera dos Povos, e Bakunin, sedento por ação, juntou-se ao levante francês, atuando com a extrema esquerda nas barricadas e integrando a milícia

FELIPE CORRÊA

de Caussidière. Combatendo por vários dias, achava incrível o povo em armas; pregava o comunismo, a igualdade, a libertação dos eslavos, o fim do imperialismo e a revolução permanente.

Participou, em junho de 1848, em Praga, do Congresso Geral dos Eslavos, tentando radicalizá-lo e pregando o anti-imperialismo. Ainda naquele mês, estourava a chamada Insurreição de Praga, que colocou em lados opostos o povo insurreto e o exército imperial. Bakunin apoderou-se de um fuzil e lançou-se novamente no combate: lutou corajosamente até o último momento, mas, com a derrota dos insurretos, teve de fugir. Encontrou refúgio no principado de Köthen, na Prússia, desenvolvendo suas ideias em um artigo chamado de "Apelo aos eslavos", no qual sustenta a possibilidade de uma união dos eslavos contra o imperialismo, direcionando as forças do nacionalismo para a revolução.

Esse período de 1848 a 1849 foi marcado, também, pelos conflitos em torno do "etapismo", com Marx, mas, especialmente, com Engels, que, atacou o "Apelo" sustentando que a ocupação do México pelos Estados Unidos e a opressão dos eslavos eram necessidades históricas.[4] Esse desacordo, que continuaria ainda por décadas,

era muito mais do que um estrito debate sobre a natureza da sociedade eslava. Ele refletia diferenças em relação a questões sobre filosofia, natureza da história, estratégia política e experiência pessoal. Bakunin sustentava que a história poderia movimentar-se rapidamente em tempos revolucionários e que a humanidade não tinha que passar pelos estágios econômicos específicos numa ordem exata. [...] Ao passo

[4]Friedrich Engels. "Democratic Pan Slavism", 1849.

INTRODUÇÃO

que Marx e Engels viam a expansão da produção econômica como um ingrediente essencial para a liberdade humana, e assim apoiando as investidas dos EUA sobre o México e da Alemanha sobre os eslavos, Bakunin sustentava que era possível criar sociedades mais livres, independente do nível da economia. Era possível para sociedades menos desenvolvidas aceitar a revolução social e remover esses obstáculos, os sistemas sociais e as estruturas do império, do Estado, da Igreja, dos senhores e do capitalismo, que impediam o povo de controlar suas próprias vidas.[5]

Bakunin, ainda nos fins de 1848, foi a Praga, voltou a Köthen e foi para Leipzig, na Saxônia, onde chegou no início de 1849, preparando a insurreição da Boêmia e estabelecendo-se em Dresden. Lá estava quando, nos fins de abril, estourou a insurreição. Durante os episódios em Dresden, nos quais aprofundou suas relações com o músico Richard Wagner, assim que viu que o povo estava disposto a lutar, entregou-se à luta de corpo e alma. "A energia de suas resoluções, sua bravura inquebrantável, sua estatura hercúlea rapidamente despertaram a lenda."[6] Bakunin foi um dos mais ativos comandantes do levante, tornando-se "o verdadeiro chefe militar da insurreição".[7] Mesmo com a distribuição de armas e munições ao povo, a insurreição perdeu força em alguns dias. Quando, exausto, descansava em um pequeno hotel em Chemnitz, na Saxônia, Bakunin foi preso em 10 de maio pela burguesia local e levado

[5]Mark Leier. *Bakunin: the creative passion*, p. 142.
[6]Amédée Dunois. "Michel Bakounine". In: *Michel Bakounine*, p. 9.
[7]Fritz Brupbacher. *Bakunin, o satã da revolta*, p. 71.

à prisão de Dresden. Começaria aí a pior fase de sua vida.

## A LIBERDADE OU A MORTE

O governo russo foi comunicado da prisão de Bakunin, que aguardou dois meses até sua transferência para a Fortaleza de Königstein – passaria seis meses nesta prisão –, o que ocorreu em julho de 1849. Em janeiro de 1850 foi condenado à pena de morte pelo tribunal da Saxônia, pena que, em junho, foi comutada para prisão perpétua. Foi extraditado para Praga e depois transferido, em março de 1851, para a Fortaleza de Olmütz. Nessa fortaleza, passou momentos de sofrimento inigualáveis: foi acorrentado às paredes e assim permaneceu por seis meses seguidos. Em maio foi novamente condenado à morte, dessa vez pelo governo austríaco, pena que também foi comutada para prisão perpétua. Entregue às autoridades russas, foi encarcerado na Fortaleza de Pedro e Paulo, em São Petersburgo, onde permaneceu de 1851 a março de 1854, no pior lugar da prisão – a fortificação de Aleksei. Dois meses após sua chegada, o conde Orlov, responsável pela fortaleza, visitou-o, oferecendo uma chance para que se redimisse de seus crimes, escrevendo ao czar Nicolau I um pedido de perdão. Bakunin logo concordou e escreveu, ainda em 1851, sua "Confissão".

Ainda que com referências formais ao czar, esse texto reflete as convicções políticas de Bakunin, faz uma severa crítica ao regime czarista e propõe uma série de medidas que julgava necessárias para a Rússia daquele tempo. Ao final da "Confissão", Bakunin pediu que sua

# INTRODUÇÃO

prisão perpétua fosse comutada para trabalhos forçados, colocando todos os suplícios que vinha sofrendo:

> Sou um grande criminoso e não mereço perdão! Isso eu sei, e se me houvesse sido dada a pena capital, eu a haveria aceitado como um castigo merecido e quase com alegria, pois ela teria me libertado de uma existência insuportável, intolerável. [...] Não me deixeis consumir na prisão perpétua! [...] Se os trabalhos mais duros pudessem ser meu destino, os aceitaria com reconhecimento e como uma graça. [...] Mas na reclusão [...] vive-se apesar de tudo e, sem morrer, morre-se dia após dia na inatividade e na angústia.[8]

Ainda que Bakunin tenha dito estar arrependido de suas ideias e de seus atos revolucionários, sua vida futura demonstrou que isso havia sido dito para que conseguisse a liberdade. O conde e o czar concordaram, em agosto de 1851, que Bakunin era ainda um homem muito perigoso e que não deveria ser libertado. Em março de 1854, Bakunin foi transferido para a prisão de Schlüsselburg, onde ficou até 1857.

Em meados de 1854, Bakunin estava devastado, sua condição havia piorado muito e diversas doenças o acometiam: tinha hemorroidas, febres, dores de cabeça, zumbidos no ouvido e dificuldades de respirar. Além disso, a dieta da prisão havia lhe causado escorbuto, que lhe provocou chagas no corpo e a perda de todos os dentes.

Em 1855, com a morte do czar Nicolau I, Alexandre II assumiu o trono e promoveu uma anistia geral entre os presos políticos. No entanto, a anistia não libertou Bakunin que, em fevereiro de 1857, escreveu uma nova

---

[8]Mikhail Bakunin. "Confissão", 1851.

# FELIPE CORRÊA

carta ao czar. "Considero-me como um velho, e sinto que já não tenho muito tempo de vida", escreveu, pedindo somente uma coisa: "a liberdade ou a morte".[9] Nesse mesmo mês, sua prisão foi comutada para uma deportação para a Sibéria, onde passou os quatro anos seguintes de sua vida. Essa liberdade, ainda que cerceada, permitiu que Bakunin logo se recuperasse; trabalhou em uma chancelaria e deu aulas de francês, o que lhe permitiu conhecer Antonia K. Kwiatkowska, uma jovem de dezessete anos, filha mais velha de um trabalhador polonês da indústria do ouro. Mesmo com a grande diferença de idade, os dois apaixonaram-se e casaram-se em outubro de 1858. Na Sibéria, Bakunin trabalhou também na Companhia Fluvial do Amur, na empresa do negociante de ouro Bernardaki e, nesse contexto, traçou um plano da fuga, que se iniciou em meados de 1861.

Venceu mais de três mil quilômetros de descida do rio Amur em um barco, de Irkutsk até Nikolaevsk. Embarcou em julho no barco russo Strelok e passou a um clíper americano, indo ao porto da cidade de Olga, de onde navegou rumo à Hakodate, no Japão, lá chegando em meados de agosto. Passou por Yokohama, por San Francisco, nos EUA, e pelo Panamá em outubro, chegando a Nova York em novembro. Permaneceu um mês na região e partiu para Londres, chegando no dia 27 de dezembro de 1861. Em seis meses de fuga, percorreu mais de trinta mil quilômetros. Mas, enfim, estava livre.

---

[9]Idem. Carta a Alexandre II de 14 de fevereiro de 1857.

# INTRODUÇÃO

## A LIBERDADE SEM O SOCIALISMO É O PRIVILÉGIO, A INJUSTIÇA; O SOCIALISMO SEM LIBERDADE É A ESCRAVIDÃO E A BRUTALIDADE

Chegando em Londres ao final de 1861, Bakunin juntou-se a Herzen e Ogarev, participando do periódico *Kolokol*; no início de 1862, publicou "Aos russos, poloneses e todos os amigos eslavos" e no meio do ano, "A causa do povo: Romanov, Pugatchev ou Pestel?". No início de 1863, tentou juntar-se à insurreição polonesa, mas não conseguiu. Permaneceu na Suécia até outubro, encontrou-se com Antonia, passou por Londres, Bruxelas, Paris, Genebra, Berna, estabelecendo-se, no início de 1864, na Itália. Nesse período em que esteve na Itália, Bakunin desenvolveu um imenso trabalho de propaganda e organização fundando, ainda em 1864, a Fraternidade Internacional, uma organização política secreta com membros de diversos países que sustentava um programa socialista, internacionalista e libertário. Objetivava estimular a revolução, que deveria "ser feita não para o povo, mas pelo povo e nunca obterá êxito se ela não envolver apaixonadamente todas as massas do campo bem como as das cidades".[10] Dois textos de 1866 constituem as bases programáticas da Fraternidade: "Catecismo revolucionário" e "Organização".

Bakunin passou, nos fins de 1864, por Londres, Bruxelas, Paris, Genebra, Berna, Florença e estabeleceu-se em Nápoles, onde viveu de 1865 até setembro de 1867, e depois em Genebra, onde viveu até 1869. Ainda em

---

[10]Idem. "Organização", 1866.

1864, nascia, em Londres, fundamentalmente por obra do proletariado francês e inglês, a Associação Internacional dos Trabalhadores (AIT), que tinha por objetivo organizar o operariado internacionalmente, criando um amplo movimento de massas. Além disso, as crescentes tensões entre a Prússia e a França fizeram com que se articulasse, na Suíça, um Congresso pela Paz, que se realizou em Genebra, em 1867, e criou a Liga da Paz e da Liberdade.

Bakunin vinculou-se a este segundo movimento – muito amplo naquele momento, contando, no Congresso de 1867, com seis mil participantes – expondo pela primeira vez, num discurso, as ideias da Fraternidade, tentando impulsionar o movimento para o socialismo revolucionário e unificá-lo com a AIT. O discurso de Bakunin foi enriquecido após o Congresso transformando-se no documento "Federalismo, socialismo e antiteologismo", uma proposta de programa para a Liga que afirmava: "a liberdade sem o socialismo é o privilégio, a injustiça; e [...] o socialismo sem liberdade é a escravidão e a brutalidade".[11]

Em julho de 1868, Bakunin aderiu individualmente à seção da AIT de Genebra. A Internacional havia realizado em 1866, em Genebra, seu primeiro congresso, definindo seus estatutos, e em 1867, seu segundo congresso, em Lausanne, discutindo nove questões que envolviam o proletariado internacional. Em setembro de 1868, realizou o terceiro congresso em Bruxelas, discutindo outras seis questões. Dentre as questões abordadas estava

---

[11]Idem. "Federalismo, socialismo e antiteologismo", 1867.

## INTRODUÇÃO

a da propriedade coletiva, que marcou a radicalização da AIT, que acompanhava o crescimento de suas bases e de sua autoridade moral. Logo depois desse congresso, ocorreu o segundo congresso da Liga da Paz e da Liberdade, em Berna. Atraindo uma quantidade muito menor de participantes, o congresso terminou com uma cisão; para Bakunin e outros socialistas, a paz e a liberdade somente viriam com a justiça social e o socialismo, para a maioria, não. Com a rejeição do programa socialista pela maioria, a minoria composta por Bakunin e outros companheiros separou-se da Liga, decidindo juntar-se à AIT. Ainda que conservando os laços da Fraternidade de 1864, os revolucionários entenderam por bem constituir uma outra organização política, pública no entanto, que acabou sendo chamada de Aliança da Democracia Socialista (ADS), e sendo fundada em outubro de 1868, logo após o rompimento com a Liga. Ela iria funcionar como organização pública até 1869 e, depois, como organização secreta.[12] A ADS, tanto a pública quanto a secreta, constituía uma organização política, um tipo de partido, que agrupava membros em torno de um programa político e ideológico, dando corpo ao anarquismo em funcionamento pleno, organizado internacionalmente, com objetivo de impulsionar os movimentos populares. Com a fundação da ADS pública, nos fins de 1868, Bakunin entrou de corpo e

---

[12]A distinção entre os nomes "Fraternidade" e "Aliança" foi feita por Max Nettlau, para facilitar a compreensão histórica, visto que Bakunin utilizava diferentes nomes para referir-se a essas organizações.

alma no movimento operário internacional, decidindo dedicar-se completamente à AIT.

No entanto, o pedido de entrada da ADS na AIT foi negado pelo Conselho Geral, que, com o apoio de Marx, justificou alegando que, tendo as duas organizações os mesmos objetivos, a entrada da ADS poderia desorganizar a Internacional. No entanto, obviamente, isso envolvia as diferenças entre aqueles que ficariam conhecidos como "libertários" e "autoritários". Visando conseguir o ingresso na AIT, a ADS propôs ao Conselho Geral dissolver-se como organização internacional, acabar com seu *bureau* central e que suas seções na Suíça, na Espanha, na Itália e na França fossem aceitas como seções da AIT, o que foi aprovado pelo Conselho Geral em meados de 1869. Nesse mesmo ano, Bakunin auxiliou na formação de uma nova seção da AIT em Genebra, a Federação Românica, e envolveu-se com duas novas publicações: *Progrès* e *L'Égalité*, na qual publicou uma série brilhante de artigos que inclui: "Os enganadores", "A instrução integral" e "A política da Internacional".

O quarto Congresso da AIT, realizado em 1869 na Basileia, deu ao Conselho Geral o direito de determinar a filiação das seções, declarou-se favorável à abolição da propriedade individual e ao estabelecimento da propriedade coletiva e teve um amplo debate sobre a questão da herança. Se, para os setores em torno de Marx, a herança era uma consequência da propriedade privada, para os bakuninistas essa consequência, posteriormente, poderia transformar-se em causa, posição que terminou vencendo a discussão. Após o congresso, Bakunin

# INTRODUÇÃO

prontificou-se a traduzir *O capital* de Marx, começando o trabalho em Locarno.

No início de 1870, Serguei Netchaiev voltou a encontrar-se com Bakunin; eles haviam se conhecido em março de 1869. Impressionado pelas mentiras de Netchaiev – que inventou uma história que o colocava na posição de um herói revolucionário –, mas também por seu espírito revolucionário e sua energia, Bakunin estimulou-o e ajudou-o, fundamentalmente entre abril e agosto de 1869, a redigir material de propaganda para difusão na Rússia. Nesse material destacam-se "Os princípios da revolução" e o "Catecismo revolucionário" – sabe-se hoje que ambos artigos foram escritos por Netchaiev – que sustentam o revolucionário como "um ser completamente imoral, obrigado a cometer qualquer crime, qualquer traição, qualquer baixeza ou engano para realizar a destruição da ordem existente".[15] O autoritarismo jacobino e maquiavélico de Netchaiev, desprovido de qualquer ética, foi demonstrado em uma série de posições e atitudes: sua concepção vanguardista de organização, sua posição de que os fins justificam quaisquer meios de ação, o assassinato de um membro dissidente de seu próprio grupo, as mentiras e chantagens aplicadas a outros revolucionários, a ameaça de morte ao editor de *O capital* – sem o conhecimento de Bakunin – e a utilização do dinheiro do fundo Bahkmetov. Tudo isso fez com que, já em junho de 1870, Bakunin rompesse com Netchaiev.

Bakunin publicou, em março de 1870, "Os ursos de

[15]Paul Avrich. *Bakunin & Netchaev*, p. 11.

Berna e o urso de São Petersburgo" e, em julho, com o começo da Guerra Franco-Prussiana, iniciou a redação de suas "Cartas a um francês sobre a crise atual", em que afirmou que a solução da guerra estaria na formação de um exército popular que, juntamente com a luta contra a invasão alemã, deveria empreender uma guerra civil, visando chegar à revolução social. Sua ideia era "transformar uma guerra entre Estados em uma guerra civil, para culminar na revolução social". Bakunin "acreditava que somente uma ampla guerrilha empreendida por todo o povo poderia enfrentar simultaneamente os exércitos tirânicos inimigos e defender a revolução social contra seus inimigos internos".[14] No entanto, para Bakunin, o processo revolucionário não poderia ser organizado em Paris, que naquele momento defendia-se dos ataques dos inimigos; seriam cidades como Lyon, Marselha e Rouen que deveriam iniciar esse processo. Em setembro de 1870 Bakunin decidiu juntar-se aos revolucionários de Lyon, que haviam proclamado a república; era o momento para a insurreição armada e para a guerra revolucionária. "Bakunin incita à insurreição", redige uma proclamação defendendo "a abolição do Estado e a federação revolucionária das comunas e conclui-se em favor do apelo 'Às armas'".[15] Em Lyon, Bakunin também auxiliou na formação do Comitê da Salvação da França, organizou manifestações públicas e participou da tomada do Hotel de Ville, proclamando

[14]Sam Dolgoff. "Palabras Previas". In: Mikhail Bakunin. *Obras Completas, vol. 1.*, p. 1.

[15]Eduardo Colombo. "Introdução". In: Mikhail Bakunin. *O princípio do Estado e outros ensaios*, p. 17.

ali o novo governo provisório. No entanto, com a intervenção da Guarda Nacional, o espaço foi retomado e Bakunin preso. Era o fim da Comuna de Lyon. Bakunin foi rapidamente libertado e voltou à Locarno, na Suíça, passando antes por Marselha.

A onda revolucionária continuava na França e, em março de 1871, estourou a Comuna de Paris contando, desde o início, com o apoio de Bakunin, que via nela uma demonstração prática da capacidade popular, que organizava a luta de baixo para cima, levando a cabo um socialismo que deveria criar um autogoverno do povo, de maneira federalista e acabando com o Estado.

Com a derrota da Comuna, uma imensa repressão atingiu todos os setores progressistas europeus, o que impediu a realização de um congresso da AIT naquele ano. O Conselho Geral acabou marcando, por esse contexto, uma conferência privada para setembro de 1871, a realizar-se em Londres. Com participação absolutamente restrita e sem representação, a conferência decidiu que o proletariado deveria utilizar a ação política e não poderia triunfar senão constituindo-se em um partido político; questão que estava em disputa desde a criação da AIT. Independente das intenções do Conselho Geral, essa deliberação certamente racharia a Internacional, visto que essa era a posição de um setor minoritário, com influência nas seções da Inglaterra e da Alemanha; a posição dos setores majoritários, influenciados pelas posições bakuninistas, na Suíça e na Bélgica, mas fundamentalmente na Itália e na Espanha, eram contrárias a tal posição e primavam pela ação direta das massas.

FELIPE CORRÊA

Alguns meses antes da conferência de Londres foi publicada a primeira versão de *O império cnuto-germânico e a revolução social*, em que Bakunin afirma suas posições filosóficas, suas críticas ao capitalismo e ao Estado e também sua estratégia de transformação. Esse período de 1871 é um dos mais ricos em relação a suas contribuições teóricas, contando ainda com escritos como "O princípio do Estado", "Três conferências feitas aos operários do vale de Saint Imier", "Protestação da Aliança" e "A teologia política de Mazzini e a Internacional".

Um último congresso da AIT realizou-se em Haia, em setembro de 1872. Nele, único em que Marx esteve presente, a tática foi clara: expulsar os adversários anarquistas, e para isso eram necessárias provas de que eles vinham desrespeitando as resoluções da AIT. Acusado pela existência da ADS e pelos fatos que envolveram Netchaiev, Bakunin foi expulso da Internacional, juntamente com Guillaume, outro militante da ADS. Os delegados restantes aprovaram a transferência do Conselho Geral para Nova York, o que selaria a morte da AIT. Uma semana após o Congresso de Haia, os anarquistas reuniram-se em Saint Imier, na Suíça, e criaram uma outra Internacional, que ficou conhecida como a Internacional Antiautoritária, contando com a participação de Bakunin e Guillaume, declarando-se contra a imposição de um programa político-ideológico às massas e contra o objetivo de conquista do poder político pela classe trabalhadora. Bakunin escreveu neste ano dois textos: "Escrito contra Marx" e "Carta ao jornal *La Liberté* de Bruxelas", que explicam grande parte das

# INTRODUÇÃO

diferenças entre bakuninistas e marxistas no seio da Internacional.

Entender as diferenças que surgiram no seio da AIT, e que dividiram o operariado internacional, como uma mera divergência entre Marx e Bakunin é certamente um equívoco. Se uma comparação entre os dois é sempre útil, é justamente porque ambos incorporaram em si duas diferentes tendências do proletariado internacional, que se forjaram dentro do movimento operário e do socialismo que se desenvolviam naquele momento, afirmando distintos métodos de análise e estratégias. Assim, ambas as correntes devem ser reconhecidas como tendências do movimento operário internacional, tendo surgido das mesmas bases e influenciando-se mutuamente – e isso permite afirmar que o anarquismo não nasceu da oposição ao marxismo, mas, proveniente das mesmas raízes, diferenciou-se ao longo do caminho, propondo outra forma de socialismo.

Essas duas tendências tinham similaridades e diferenças e para compreendê-las é possível comparar as posições de Marx e Bakunin que demonstram convergências e divergências: Marx e Bakunin eram ateus, pregavam o fim do capitalismo e defendiam a revolução de bases classistas rumo ao socialismo; no entanto, divergiam no método de análise – o que apontava para concepções diferenciadas em relação ao momento, o processo e os sujeitos da revolução – e também na estratégia – fundamentalmente em relação à utilização do Estado como campo de disputa na sociedade capitalista e como meio de garantir e defender a revolução socialista.

As posições sobre o método de análise e a estratégia de Bakunin, no período que vai de meados dos anos 1860 para frente, foi formulada em seus escritos e cartas e pode ser brevemente definida da seguinte forma. O materialismo de Bakunin, ainda que tenha sido influenciado pelo de Marx, recusa o "economicismo": para ele, haveria uma influência múltipla entre as esferas econômica, política e ideológica/cultural; a econômica, por mais que fosse realmente determinante em muitos casos, em diversos outros casos, seria determinada pelas esferas política e cultural/ideológica, em um movimento dialético que não estabeleceria causas e consequências fixas, determinadas *a priori*. Bakunin também identificava a exploração e a dominação existentes na sociedade e sua divisão em classes e, nessa luta de classes, a revolução poderia ser realizada em países mais ou menos desenvolvidos e deveria ser levada a cabo tanto pelo proletariado urbano e industrial, quanto pelo campesinato e toda a massa de excluídos (o "lumpemproletariado"), em um processo que destruísse o capitalismo e ao mesmo tempo o Estado, divergindo, portanto, das posições "etapistas" e da eleição de um ou outro campo do setor de oprimidos.

Bakunin defendia, ainda, uma estratégia de mobilização internacional e econômica das massas, organizada em torno das necessidades populares, abarcando as mais diversas concepções políticas e religiosas, sem participação parlamentar. Negava o socialismo burguês e afirmava que a educação e a propaganda, sozinhas, possuíam seus limites. Sua ideia era que, durante as lutas populares, no seio das quais deveriam se dar a pro-

## INTRODUÇÃO

paganda e a educação, surgiria no povo a consciência de classe e o próprio desejo pelo socialismo, lutas essas que poderiam até contar com conquistas menores, que melhorariam as condições populares, mas cujo objetivo final seria necessariamente a revolução social, atingida por meio de um processo de violência revolucionária, colocando um fim imediato ao capitalismo e ao Estado, e portanto, desconsiderando o socialismo de Estado como período intermediário. A sociedade futura, que deveria tomar corpo no socialismo coletivista, contaria com a expropriação dos meios de produção, com sua gestão coletiva fundamentada no trabalho, com a instrução integral e com o fim da diferenciação entre trabalho intelectual e manual. Proporcionaria a cada pessoa os frutos completos de seu trabalho realizado, garantindo igualdade e liberdade plenas.

Aos fins de 1872 Bakunin chegou a Locarno, passando antes por Zurique. Nesse momento, sofria muito; estava exausto, e sua saúde piorava a cada dia: estava extremamente obeso, tinha crises de asma, um problema na próstata, além de um problema cardíaco, condição que piorou com os ataques de Marx, Engels e Lafargue, que continuavam a onda de acusações e mentiras, conforme comentou Nettlau:

Marx e Engels, em toda sua maquinação [...] agiam com essa estupeficante falta de honestidade que é característica de *todas* as suas polêmicas, embasadas em uma documentação insuficiente que, segundo seu hábito, completavam por afirmações arbitrárias que seus discípulos consideravam verídicas, quando, de fato, eram apenas deploráveis deformações, erros ou disfarces destituídos de escrúpulos.[16]

Por esses e outros motivos, Bakunin afirmava, naquele momento, estar cansado e desgostoso com a vida pública e, ainda que publicando *Estatismo e anarquia* em 1873, considerava ser hora de uma nova geração tomar o seu lugar nas atividades revolucionárias. Retirou-se da Federação Jurassiana e da Internacional Antiautoritária. Dois episódios complicados, envolvendo a questão de sua moradia – tanto na Baronata como na Villa Bresso – prejudicariam mais ainda sua situação. Entre um episódio e outro, Bakunin foi a Bolonha em julho de 1874 para participar de uma insurreição e, sem dúvidas, para morrer na luta pela revolução, mas, com o rápido fim do levante, isso não aconteceu. Em 1876 voltou a Berna para encontrar-se com o médico e amigo Adolf Vogt, mas chegando lá, em 14 de junho, teve de ser internado e morreu em 1 de julho de 1876. A morte de Bakunin causou uma comoção geral nos meios revolucionários e operários. Seu funeral, simples e sem muitas pessoas, aconteceu em 3 julho; três companheiros da Federação Jurassiana pronunciaram palavras de adeus: Schwitzguébel, Guillaume e Reclus; Joukovsky falou em nome dos eslavos, Paul Brousse em nome dos franceses, Salvioni dos italianos, e Betsien dos alemães.

## A VIDA E A OBRA

Tratar da vida e da obra de Bakunin não é tarefa das mais simples e diversos esforços vêm sendo empreendi-

[16]Max Nettlau. *História da anarquia, vol. 1.*, pp. 174-75.

## INTRODUÇÃO

dos para reconstruir sua história prática de luta e suas concepções teóricas.

Bakunin foi um personagem intrigante; segundo seus biógrafos era imenso, medindo quase dois metros de altura, e foi ficando cada vez mais gordo – comia, bebia e fumava impressionantemente. Era inteligente, afetuoso, generoso, ético, franco, e gozava de intuição, energia e vontade sem precedentes. Destacam-se também suas qualidades como organizador, orador e, certamente, como homem de ação; era imensa sua capacidade de liderança, de persuasão, de aglutinação e de mobilização. Sua participação ativa em grande parte dos acontecimentos que envolveram as lutas sociais e as mobilizações populares na Europa do século XIX exerceu significativa influência.

No entanto, não são só suas qualidades práticas que se destacam; como colocou Rudolf Rocker, "Bakunin era um autor brilhante, ainda que seus escritos necessitem de sistematização e organização".[17] O socialismo de Bakunin data dos anos 1840, e evoluiu aos poucos de um idealismo que tinha por objetivo um mundo novo, passando por um socialismo democrático e nacionalista que, depois das prisões, desenvolveu-se em um socialismo libertário, um anarquismo de base classista e revolucionária, que só chegaria depois da metade dos anos 1860, quando Bakunin tinha mais de cinquenta anos.

São os escritos de meados da década de 1860 até

[17]Rudolf Rocker. "Introduction". In: G. P. Maximoff. (org). *The Political Philosophy of Bakunin*, p. 21.

o fim de sua vida que fundamentam as bases teóricas
do anarquismo e defendem uma série de concepções
que merecem destaque, tanto pela originalidade, quanto
pela capacidade de prognosticar o futuro e pela influência que exerceram tanto durante sua vida quanto depois.

Algumas dessas concepções são: o materialismo
que reconhece a influência mútua das esferas, a recusa
do "etapismo", a possibilidade de revolução nos países
mais ou menos desenvolvidos economicamente, a afirmação de todos os oprimidos como potenciais sujeitos
revolucionários, a luta internacional de massas (concepção determinante para o desenvolvimento futuro do
sindicalismo revolucionário e do anarcossindicalismo),
a impossibilidade de utilizar o Estado como um meio
de luta, a necessidade da destruição imediata do Estado – juntamente com o capitalismo – na revolução social, e o coletivismo como proposta de sociedade futura.
Destacam-se também suas concepções sobre a luta contra o imperialismo e o colonialismo, que sustentavam a
participação dos anarquistas nas lutas de libertação nacional, buscando transformá-las em lutas revolucionárias;
e também sua concepção de um modelo de organização política que propôs, pela primeira vez, uma relação
diferenciada entre partido e movimento de massas, con-
siderando que essa organização política, com caráter de
minoria ativa, não teria relação de hierarquia e domínio
com o movimento popular, mas deveria incentivá-lo e
estimulá-lo, impulsionando seu crescimento e desenvolvimento e tornando as massas protagonistas das lutas e
da revolução.

De fato, há muito potencial a ser explorado na vida

INTRODUÇÃO

e na obra desse "homem que foi grande no intelecto, na vontade, na energia perseverante".[18] Um potencial que tomou corpo em sua prática de luta e em sua teoria desenvolvida nos livros, artigos e cartas.

Como colocaram seus companheiros Carlo Cafiero e Elisée Reclus, Bakunin

passava noites inteiras redigindo longas epístolas aos seus amigos do mundo revolucionário e, algumas dessas cartas, destinadas a fortalecer os tímidos, a despertar os adormeci-dos, a traçar planos de propaganda ou de revolta, tomaram as proporções de verdadeiros volumes. São essas cartas que explicam, sobretudo, a prodigiosa ação de Bakunin no movimento revolucionário.[19]

Por essa afirmação, é possível ter ideia da relevância das cartas de Bakunin, que agora são publicadas. Elas certamente auxiliarão na difusão e na compreensão da vida e da obra de Bakunin, que são tão inspiradoras para aqueles que, ainda nos dias de hoje, desejam a transformação social.

## BIBLIOGRAFIA

AVRICH, Paul. *Bakunin & Netchaev*. Londres: Freedom Press, 1987.

BAKUNIN, Mikhail. CD-ROM *Bakounine: Ouvres Completes*, IIHS de Amsterdã, 2000. Todos os artigos de Bakunin, em francês, citados a seguir são desta publicação. Traduzimos o nome deles entre colchetes.

———. "La réaction en Allemagne" [A reação na Alemanha], 1842.

[18]Carlo Cafiero e Elisée Reclus. "Apresentação". In: Mikhail Bakunin. *Deus e o Estado*, p. 7.

[19]Ibidem., p. 8.

# FELIPE CORRÊA

Disponível em português em *A reação na Alemanha*. Lisboa: Assírio & Alvim, 1976.

———. "Appel aux peuples slaves par un patriote russe" [Apelo aos povos eslavos por um patriota russo], 1848.

———. "Confesssion" [Confissão], 1851. Disponível em português em *Confissão*. Lisboa: Arcádia, 1975.

———. Carta a Alexandre II de 14 de fevereiro de 1857.

———. "Aux Russes, Polonais, et tous les amis slaves" [Aos russos, poloneses e todos os amigos eslavos], 1862.

———. "La cause du peuple. Romanov, Pugachev ou Pestel?" [A causa do povo: Romanov, Pugatchev ou Pestel?], 1862.

———. "Princípios e organização da Sociedade Internacional Revolucionária. Catecismo revolucionário." Disponível em português em *Catecismo revolucionário / Programa da Sociedade da Revolução Internacional*. São Paulo: Imaginário/Faísca, 2009.

———. "Principes et organisation de la société internationale révolutionnaire. Organisation." [Princípios e organização da Sociedade Internacional Revolucionária. Organização], 1866.

———. "Federalismo, socialismo e antiteologismo", 1867. Disponível em português em *Federalismo, socialismo e antiteologismo*. São Paulo: Cortez, 1988.

———. "Programa da Sociedade da Revolução Internacional", 1868. Disponível em português em *Catecismo revolucionário / Programa da Sociedade da Revolução Internacional. Op. Cit.*.

———. "Os enganadores", 1869. Disponível em português em *Os enganadores / A política da Internacional / Aonde ir e o que fazer?*. São Paulo: Imaginário/Faísca, 2008.

———. "A instrução integral", 1869. Disponível em português em *Instrução integral*. São Paulo: Imaginário, 2003.

———. "A política da Internacional", 1869. Disponível em português em *Os enganadores / A política da Internacional / Aonde ir e o que fazer?. Op. Cit.*.

———. "Os ursos de Berna e o urso de São Petersburgo", 1870. Dis-

## INTRODUÇÃO

ponível em português em: Revista *Novos Tempos* 2. São Paulo: Imaginário, 1998.

———. "Lettres à un Français sur la crise actuelle" [Cartas a um francês sobre a crise atual], 1870.

———. *L'Empire Knouto-Germanique et la Révolution Sociale*. [O império cnuto-germânico e a revolução social], 1870-1871. Há trechos desse livro em português. *Deus e o Estado*. São Paulo: Imaginário, 2000 / *O sistema capitalista*. São Paulo: Faísca, 2007 / "A Comuna de Paris e a noção de Estado". In: *O princípio do Estado e outros ensaios*. São Paulo: Hedra, 2008.

———. "O princípio do Estado", 1871. Disponível em português em *O princípio do Estado e outros ensaios. Op. Cit.*.

———. "Três conferências feitas aos operários do vale de Saint Imier", 1871. Disponível em português em *O princípio do Estado e outros ensaios. Op. Cit.*.

———. "Protestation de l'Alliance" [Protestação da Aliança], 1871.

———. "La théologie politique de Mazzini et l'Internationale" [A teologia política de Mazzini e a Internacional], 1871.

———. *Escritos Contra Marx*. São Paulo: Imaginário, 2001.

———. "Estatismo e anarquia", 1873. Disponível em português em *Estatismo e anarquia*. São Paulo: Imaginário, 2003.

BRUPBACHER, Fritz. *Bakunin, o satã da revolta* (com comentários de Jean Barrué). São Paulo: Imaginário, no prelo.

CAFIERO, Carlo e RECLUS, Elisée. "Apresentação". In: BAKUNIN, Mikhail. *Deus e o Estado. Op. Cit.*.

COÊLHO, Plínio A. (org) *Bakunin*. São Paulo: Imaginário, 1994.

COLE, G.D.H.. *Historia del Pensamiento Socialista. Vol. II (Marxismo y Anarquismo 1850-1890)*. México D. F.: Fondo de Cultura Económica, 1975.

COLOMBO, Eduardo. "Introdução". In: BAKUNIN, Mikhail. *O princípio do Estado e outros ensaios. Op. Cit.*.

DOLGOFF, Sam. "Palabras Previas". In: BAKUNIN, Mikhail. *Obras completas Vol. I*. Madri: La Piqueta, 1977.

DUNOIS, Amédée. "Michel Bakounine". In: DUNOIS, Amédée /

# FELIPE CORRÊA

BERTHIER, René. *Michel Bakounine (Graine d'ananar)*. Paris/Bruxelas: Éditions du Monde Libertaire / Alternative Libertaire, 1998.

ENGELS, Friedrich. "Democratic Pan Slavism". Marxists Internet Archive. http://www.marxists.org/portugues/marx/1859/01/prefacio.htm.

GUILLAUME, James. *A Internacional: documentos e recordações. Vol I*. São Paulo: Imaginário / Faísca, 2009.

LEIER, Mark. *Bakunin: the creative passion*. Nova York: St. Martin's Press, 2006.

LUTA LIBERTÁRIA. "Quem foi Bakunin?". In: BAKUNIN, Mikhail. *Socialismo e liberdade*. São Paulo: Luta Libertária, 2002.

MARX, Karl e ENGELS, Friedrich. *Selected Correspondence*. Moscou: Progress Publishers, 1965.

NETCHAIEV, Serguei. *O catecismo revolucionário*. Lisboa: Assírio & Alvim, 1976.

NETTLAU, Max. "Prologo". In: BAKUNIN, Mikhail. *Obras completas. Vol I. Op. Cit.*.

———. *História da anarquia. Vol. I*. São Paulo: Hedra, 2008.

NORTE, Sergio. *Bakunin: sangue suor e barricadas*. Campinas: Papirus, 1988.

ROCKER, Rudolf. "Introduction". In: G. P. MAXIMOFF,G. P. (org). *The Political Philosophy of Bakunin*. Nova York: The Free Press, 1964.

SCHMIDT, Michael e VAN DER WALT, Lucien. *Black Flame: the revolutionary class politics of anarchism and syndicalism*. Oakland: AK Press, 2009.

# REVOLUÇÃO E LIBERDADE
## CARTAS DE 1845 A 1875

# O AMOR E A FAMÍLIA

[AO IRMÃO PAVEL]
*Paris, França, 29 de março de 1845*

AMO, PAVEL, amo imensamente; não sei se posso ser amado como gostaria de sê-lo, mas não desespero; pelo menos sei que se tem muita simpatia por mim; devo e quero merecer o amor daquela que amo, amando-a religiosamente, quer dizer, ativamente; — ela está submetida à mais terrível e à mais infame escravidão – e devo libertá-la combatendo seus opressores e acendendo em seu coração o sentimento de sua própria dignidade, suscitando nela o amor e a necessidade da liberdade, os instintos de revolta e de independência, lembrando-lhe o sentimento de sua força e de seus direitos. Amar é querer a liberdade, a completa independência do outro, o primeiro ato do verdadeiro amor; é a emancipação completa do objeto que se ama; não se pode verdadeiramente amar senão a um ser perfeitamente livre, independente não apenas de todos os outros, mas até mesmo, e sobretudo, daquele pelo qual é amado e que ele próprio ama. Eis minha profissão de fé política, social e religiosa, eis o sentido íntimo, não somente de minhas ações e de minhas tendências políticas, mas também, tanto quanto eu possa, o de minha existência particular e individual, pois o tempo em que estes dois tipos de ação podiam ser separados já está bem longe

## O AMOR E A FAMÍLIA

de nós; agora o homem quer a liberdade em todas as acepções e aplicações desta palavra, ou, então, ele não a quer absolutamente. Querer, amando, a dependência daquele a quem se ama, é amar uma coisa e não um ser humano, pois este só se distingue da coisa pela liberdade; e também se o amor implicasse a dependência, ele seria a coisa mais perigosa e mais infame do mundo, porque criaria uma fonte inesgotável de escravidão e de degradação para a humanidade. Tudo que emancipa os homens, tudo que, fazendo-os entrar neles mesmos, suscita o princípio de suas próprias vidas, de uma atividade original e realmente independente, tudo que lhes dá a força de serem eles próprios, é verdadeiro; todo o resto é falso, liberticida, absurdo. Emancipar o homem, eis a única influência legítima e benfeitora. Abaixo todos os dogmas religiosos e filosóficos, eles nada mais são do que mentiras; a verdade não é uma teoria, mas um fato; a vida é a comunidade de homens livres e independentes – é a santa unidade do amor brotando das profundezas misteriosas e infinitas da liberdade individual.

Por favor, não vos esquecei de mim e, se for possível, escrevei-me, mas sendo prudentes e evitando também vos comprometer pelo que quer que seja, escrevei-me pelo menos uma palavra a fim de que eu possa estar seguro de que ainda estais vivos. Meus pobres, vós não podeis saber quão frequente meu coração se estreita em relação a vós e por vós; nossos pais desperdiçaram toda vossa vida; eles vos mataram. O que é feito de meu pai? Lamento por ele: ele também era capaz de uma outra existência. Ele ainda está vivo? Escrever-lhe-ei em breve uma última carta de adeus, sem o menor objetivo prático ou interessado, mas simplesmente para me despedir dele e dizer-lhe algumas palavras de afeição e de adeus. Quanto à minha mãe, eu a amaldiçoo; para ela, em minha alma, não há lugar para outros sentimentos além do ódio e do mais profundo e radical desprezo, não por minha causa, mas pela vossa, a quem ela causou muitos males. Não me trateis por cruel; é tempo de nos libertarmos de um sentimentalismo impotente e irreal; é tempo de sermos homens, homens tão fortes e tão constantes no ódio quanto no amor. Sem perdão; guerra implacável a meus inimigos, pois esses são os inimigos de tudo o que há de humano em nós, os inimigos de nossa dignidade, de nossa liberdade.

*Nós por muito tempo amamos,*
*Queremos enfim odiar.*

Sim, a capacidade de odiar é inseparável da capacidade de amar.

# A ALEMANHA E A QUESTÃO ESLAVA

## [A PAVEL VASILIEVITCH ANNENKOV]
*Colônia, Alemanha, 17 de abril de 1848*

Caro amigo Annenkov,

Apressei-me e corri tanto no último dia em Paris que não tive tempo de despedir-me de vós e de Turgueniev. Não podeis imaginar como isso entristeceu-me, mas naqueles últimos tempos eu estava como louco, não podia retornar a mim nem respirar livremente; foi só aqui, na Alemanha, e mais precisamente em Colônia, que voltei a mim. Em Frankfurt ainda me encontrava febril; aqui a febre é impossível porque, a despeito do movimento fictício e aparente, a paz filisteia reina.

Coisa bizarra! A maior parte da Alemanha vive na desordem, mas sem revolução propriamente dita, o que não impede os alemães de dizerem, bebendo vinho do Reno: nossa revolução. Por sinal, em Berlim, diz-se, é mais animado, enquanto em Baden-Baden é certo que já há luta. A ausência de toda centralização é atualmente mais sensível do que nunca. Em Achen (seis horas de carruagem de Colônia), já faz dois dias que os trabalhadores lutam contra a burguesia, enquanto aqui é a calma absoluta; é verdade que aqui há muitos clubes onde os alemães gozam com orgulho da impunidade de expressão, mas não há absolutamente revolução aqui.

## A ALEMANHA E A QUESTÃO ESLAVA

Em Frankfurt era muito mais vivo e o será de novo em maio, quando os deputados provenientes de todos os cantos da Alemanha reunir-se-ão. Ali conheci ao menos cinquenta democratas vivazes, enérgicos e influentes, e sobretudo tornei-me amigo de três deles: Jakobi de Königsberg, o conde Reichenbach da Silésia e o tenente de artilharia reformado Willich, expulso do serviço prussiano por ter propagado as ideias comunistas. A este último foi agora confiado o comando do exército unificado revolucionário dos camponeses de Baden e dos alemães originários de Paris e da Suíça; é lá que nosso amigo Herwegh age agora; eu nada ouvi em relação a ele...

Eles estarão desgraçados se fracassarem porque a reação, apesar de quebrada, ainda tem seus destroços presentes em toda a parte e ameaça sem trégua; atualmente, não são os reis e os príncipes que são fortes, mas a burguesia, que rejeita desesperadamente a república porque ela provoca os problemas sociais e o triunfo da democracia. Entretanto, a república é inelutável na Alemanha; o antigo poder desmorona em toda parte, em toda parte é privado de iniciativa; a anarquia sem a revolução – tal é a situação da Alemanha, e só a república pode assumir o lugar da união alemã assassinada e ultrajada, e produzir a unidade – esse ideal de todo alemão – da Alemanha. A unidade alemã – não podeis imaginar quantas tolices foram ditas em relação a isso. Durante esses catorze dias, os alemães falaram muito e querem que tudo o que disseram seja publicado.

O que está vivo na Alemanha é o proletariado e a ordem camponesa, que começa a movimentar-se; aqui

# BAKUNIN

ainda haverá uma revolução terrível, um verdadeiro dilúvio de bárbaros; esse dilúvio varrerá da superfície da terra as ruínas do velho mundo, e então será ruim, muito ruim para o falastrão burguês. Os sintomas dessa revolução mostram-se em toda parte: pouco dinheiro, clientes ainda menos, fábricas cessando o trabalho e trabalhadores sem trabalho multiplicam-se a cada dia. A revolução democrática não começará aqui em nenhum caso mais tarde do que em dois ou três meses; no momento, seus chefes organizam pouco a pouco suas forças e esforçam-se para introduzir a unidade no movimento revolucionário de toda a Alemanha; há pessoas inteligentes, capazes, e elas agem bem. O filisteu ocupa-se agora de três coisas. Em primeiro lugar, ele prepara as eleições ao parlamento alemão, que deve abrir-se em 1º de maio em Frankfurt e decidir que forma de governo terá a Alemanha: república ou monarquia. Em segundo lugar, toma todas as medidas possíveis contra o povo; arma-se ao mesmo tempo que tem medo e, em terceiro lugar, envia os jovens contra a Dinamarca para salvar seus irmãos alemães em Schleswig e Holstein – é o movimento do Schleswig-Holstein – completamente reacionário; o príncipe da Prússia está à sua frente: "É preciso demonstrar que os reis também contribuíram para a glória e a dignidade da grande nação alemã!" E, coisa estranha, os alemães declaram o Schleswig terra alemã, embora a metade da população seja formada por dinamarqueses; e em Poznan, onde o alemão instalou-se pela força, por qualquer mentira e por todos os meios vis, o filisteu não quer reconhecer o direito sagrado dos poloneses. No conjunto, os alemães de Poznan

# A ALEMANHA E A QUESTÃO ESLAVA

conduzem-se da maneira mais covarde, o que, por sinal, deve-se ter sabido disso pelos jornais; para nós é bom.

Agora, algumas palavras concernentes à minha pessoa: estou aqui há cinco dias esperando minhas bagagens de Bruxelas, e até agora, nada; esta noite parto para Berlim. Em Berlim, não permanecerei mais de dois dias, e irei diretamente a Poznan. Devo dizer-vos, Annenkov, que, quanto mais me aproximo do norte, mais tristeza e medo experimento. [...]

## [A GEORG HERWEGH]
*Berlim, Alemanha, por volta de 15 de agosto de 1848*

A Georg.

Meu caro, desde a carta que te escrevi de Colônia, e a qual não sei se recebeste, não te escrevi mais nenhuma linha. Muitas coisas modificaram-se desde então, mas não nossa amizade, não a confiança que temos um no outro. Os pensamentos que nos são essenciais, as aspirações que nos são essenciais, também não. Estou persuadido de que, desde a primeira hora de nosso reencontro, nós nos compreenderemos tão bem quanto outrora. Minha fé e minha religião afirmaram-se ainda mais ante todas as agitações e todas as abjeções, no seio das quais vivo há alguns meses. E longe de perder toda esperança, vejo, ao contrário, sem fazer-me a mínima ilusão, como nosso mundo, o mundo, aproxima-se da destruição.

Eu poderia te contar sobre o eslavismo muitas coisas que te alegrariam, mas como estou ocupado com a redação de uma brochura sobre esse assunto, não quero

# BAKUNIN

fatigar nem a ti nem a mim; em breve lerás um texto impresso que redigi. A Alemanha oferece agora um espetáculo dos mais interessantes e dos mais singulares; não é uma luta de fantasmas, mas uma luta de sombras que se tomam por realidade, experimentando, contudo, a todo instante, sua fraqueza incomensurável e mostrando-a involuntariamente. A reação oficial e a revolução oficial rivalizam em vaidade e estupidez, mostrando às claras todas as frases vazias, inofensivas e pesadas, de conteúdo filosófico-religioso, político-poético, que assombravam há muito tempo as cabeças alemãs. Não, realmente nós, eu e tu, frequentemente dissemos e repetimos que a burguesia e a velha civilização chegavam ao fim. Acreditávamos verdadeiramente no que dizíamos. Mas nunca, nunca tínhamos pensado ter razão desse modo e em tal amplitude. A reação, falo da reação no sentido mais amplo do termo, é um pensamento que a época tornou estúpido. Mas a revolução representa mais um instinto do que um pensamento; ela age, propaga-se como um instinto, e é como um instinto que trava suas primeiras batalhas. Eis por que os filósofos, os literatos e os políticos, todos aqueles que têm no bolso um pequeno sistema pronto e que gostariam de comprimir esse oceano insondável em limites e numa forma determinados, revelam-se tão estúpidos e tão impotentes; eles são desprovidos desse instinto e temem mergulhar nas ondas desse oceano. Mas a revolução está aí, caro amigo, ela está em toda parte, age e fermenta, eu a senti e encontrei em toda parte e não temo a reação. Pois bem, Georg, reconhece agora que Proudhon, pelo qual sempre tiveste aversão, é agora o único em Paris, o único no mundo político dos literatos, que ainda compreende algo disso. Ele deu provas de grande coragem, nesta época marcada pelo mal e pela hipocrisia; seu discurso foi um ato real, cheio de nobreza. Se ele chegasse ao governo e se seu doutrinarismo, de negativo tornasse-se positivo, seríamos, então, realmente obrigados a combatê-lo, pois ele também tem, de fato, um pequeno sistema na retaguarda, mas, por enquanto, ele está conosco, e, em todo caso, terás de admitir que ele deu provas de uma grande coragem digna de admiração. Por sinal, interesso-me muito pouco pelos debates parlamentares, e a época da vida parlamentar, das assembleias constituintes, nacionais etc. passou, e quem quer que se colocasse honestamente a questão, deveria admitir que não experimenta, enfim, mais nenhum interesse ou, ao menos, apenas um interesse forçado e quimérico por essas formas ultrapassadas. Não creio nem nas constituições, nem nas leis. Nem mesmo a melhor das constituições poderia satisfazer-me. É de outra coisa que necessitamos: efervescência e vida, um novo mundo sem leis e, portanto, livre. Mas as negociações em Viena interessam-me, contudo, pois elas permitem-nos saber em que estado encontra-se esse império permanecido por tanto tempo desconhecido. O naufrágio da Áustria é, para nós, eslavos, mas também para todo o partido da revolução, uma questão vital. A França e a Itália intervirão ou não? Isso não me causa medo. Os burgueses pressentem que uma guerra na Itália poderia transformar-se em guerra geral, trazendo com ela a grande revolução. Ruge está aqui; até agora,

BAKUNIN

em Frankfurt, ele revelou-se um dos melhores, para não dizer o melhor. Ainda não o encontrei.

Adeus, meu caro, devo concluir.

M. B.

## [A PIERRE-JOSEPH PROUDHON]
*Köthen, Prússia, 12 de dezembro de 1848*

Cidadão,

Não sei se vós ainda vos lembrais de mim; no que me concerne, em minhas longas peregrinações pela Alemanha e pelos países eslavos, pensei bem amiúde em vós. Não sois daqueles de quem se esquece. Eu não poderia exprimir-vos o sentimento de alegria que experimentei quando eu vos vi, após as fatais jornadas de junho, subir à tribuna para defender os interesses e os direitos desses nobres e infelizes operários de Paris, que tudo, todos, exceto vós, haviam abandonado. Os discursos que vós pronunciastes naquele momento foram mais do que discursos, foram atos. Ousastes dizer a verdade aos burgueses reunidos em vossa Assembleia Nacional, num momento em que todo mundo tornara-se hipócrita; injuriaram-vos, tentaram zombar de vós, mas esse riso era forçado, e os burgueses tremeram apesar deles. A burguesia alemã é quase pior do que a burguesia francesa; esta é francamente cínica, enquanto a outra é sentimental e com pretensões de honestidade na covardia e em seu egoísmo. Ambas não valem nada e devem ser enviadas ao diabo. A revolução não acabou na Alemanha; tivemos o fim da revolução burguesa, na primavera, segundo todas as aparências, teremos

## A ALEMANHA E A QUESTÃO ESLAVA

o começo da revolução popular. O povo do campo, que é mais revolucionário na Alemanha do que o é na França, pois ainda está submetido a direitos feudais e porque sente um ódio poderoso contra todos os empregados, já se agita e diverte-se incendiando os castelos e capturando os senhores. Por outro lado, a bancarrota avança com uma rapidez assustadora (para os burgueses, é óbvio) – ela engolirá tudo; bancarrota de Estados e bancarrota dos particulares. Imaginai que unicamente a manutenção do exército custa hoje na Prússia dois milhões de escudos, ou mais de sete milhões de francos por semana. O comércio já não vai nada bem, e o bom burguês de Berlim está surpreso porque as baionetas, tendo restituído a ordem e a tranquilidade pública, não restituíram o crédito. E sabeis que a bancarrota é a guilhotina para a burguesia. Envio-vos meu manifesto aos eslavos, infelizmente só vos posso enviar em alemão, pois o original francês ainda não foi impresso; alguém vo-lo traduzirá. Vereis que perseguimos uma ideia muito simples: a destruição dos grandes Estados. É minha íntima convicção que os grandes Estados e o despotismo são inseparáveis. Tendes muitos admiradores e partidários na Alemanha; encontrei aqui homens verdadeiros, em número não muito grande, sem dúvida, mas estes ao menos são bons. Nada é tão difícil atualmente como ser verdadeiro; é o século da hipocrisia e dos hipócritas: hipócritas aristocratas, hipócritas liberais, hipócritas democratas, hipócritas em toda parte, e pouquíssimos homens têm a coragem de confessar a eles próprios as últimas consequências de suas próprias ideias. A revolução é imensa, os acontecimentos gigantescos, mas os homens são infinitamente pequenos. Eis o caráter do nosso tempo. O portador desta carta é um dos meus melhores amigos, democrata de Berlim, um alemão muito sincero, muito honesto, muito instruído e que poderá dar-vos de seu país as informações mais interessantes e mais detalhadas. Quanto a mim, permaneço aqui por mais um mês, e depois disso irei a Paris, para ali permanecer um ou dois meses, e para retornar novamente aos meus eslavos. Fui expulso dos Estados prussianos por solicitação reiterada do governo russo e refugiei-me em Köthen, de onde posso facilmente estabelecer minhas relações com os russos, os poloneses e os outros eslavos.

Respondei-me com algumas palavra se tiverdes tempo para isso. [...]

Adeus, cuidai-vos bem e que a revolução esteja conosco.

M. Bakunin

## [A KAREL SABINA E EMMANUEL ARNOLD]
*Dresden, Alemanha, 30 de abril de 1849. Publicado segundo uma cópia da polícia*

Caros amigos,

O portador desta carta, Röckel, deputado da segunda Câmara que acaba de ser dissolvida, é um dos chefes do partido democrata na Saxônia. Recomendo-o a vós como um de meus melhores amigos e um homem completamente confiável e de valor. Ele se dirige a vós para entender-se e estudar convosco o meio de harmonizar o movimento tcheco e o movimento que se produz

# A ALEMANHA E A QUESTÃO ESLAVA

na Alemanha. Não há mais tempo a perder, resta-nos muito pouco tempo para preparar tudo. Se a insurreição demorar a produzir-se, os russos chegarão. A reação na Europa é, com efeito, conduzida segundo um plano, e é a Rússia que sustenta todas as empresas reacionárias. Aqui, entramos em relação com um agente magiar, e em dois ou três dias provavelmente receberemos dinheiro de Paris; imediatamente nós vos enviaremos uma parte dele, cuja soma será determinada pelo que nós próprios tivermos obtido.

Desejei vivamente que viésseis aqui para que nós nos colocássemos de acordo, vós e eu, vós e nós, isto é, com os dois poloneses que vieram de Paris para colaborar conosco. Se isso ainda for possível, vinde a Dresden e dirigi-vos a Witting, o redator do *Dresdner Zeitung*, Ostra-Allee, Redação do *Dresdner Zeitung*.

Cuidai-vos bem. Espero rever-vos em breve.

Vosso M. Bakunin

# AS PRISÕES

[A FRANZ OTTO]
*Fortaleza de Königstein, Alemanha, 2 de novembro de 1849. Primeira publicação. Publicado segundo uma cópia da polícia*

Senhor,

Fui ontem informado de que o Ministério da Guerra não me autorizava a ler senão os jornais que me eram necessários à minha defesa. E eles devem ser antes entregues ao comandante da fortaleza pelo tribunal de inquirição militar.

Eu vos havia prometido redigir minha defesa em alguns dias e enviar-vos. Mas quando comecei a redação, dei-me conta de que não conseguiria fazê-lo tão rápido, na medida em que minha defesa deve ser puramente política e deve expor sob seu verdadeiro ângulo o objetivo de minha presença na Alemanha, bem como a natureza de minha ação desde 1848. Necessito, pois, de muitos materiais que me faltam no momento. Posso pedir-vos, senhor, para conseguir-me uma coleção completa do *Augsburger* ou do *Deutsche Allgemeine Zeitung* a partir *do início do ano de 1848* e, notadamente, de fevereiro? Se isso vos é possível, ficarei muito feliz se conseguirdes acrescentar *L'Indépendance Belge* desse mesmo ano.

Como podeis ver, ser-vos-á difícil receber em curto prazo meu texto, e já devereis, sem ele, conduzir mi-

## AS PRISÕES

nha defesa ante a primeira instância. Coloco-me totalmente sob vossa solicitude no que concerne à minha pessoa e à minha causa, como já vos disse durante nossa breve entrevista. Contentar-me-ei em lembrar aqui os momentos importantes para, em caso de necessidade, facilitar-vos o resumo de todo esse caso.

1. Toda a minha atividade na Alemanha teve exclusivamente por objetivo impedir uma luta racial entre os eslavos e a Alemanha, anular a influência exercida pelo governo russo sobre os eslavos austríacos bem como os turcos e, na medida do possível, unir os eslavos, a Polônia à frente com a Alemanha, contra a política russa.

2. Durante minha estada na Alemanha, não tomei parte em nenhuma conjuração, nem ouvi falar de nenhuma, não travei relações com ninguém com vistas a derrubar um governo. De um modo geral, mantive-me afastado de toda sociedade organizada politicamente e não fui membro de nenhum clube alemão. O fato de, graças à influência russa, ter sido considerado quase em toda parte um espião russo, levava-me a essa prudência e a essa discrição.

3. Até outubro de 1848, residi parte em Breslau e parte em Berlim, com o conhecimento do governo prussiano e, inclusive, com sua autorização. Em outubro, sem indicação do motivo, fui expulso por um novo ministério. Mas encontrareis tudo isso em detalhe nos dossiês.

4. Desde o início desse ano até o mês de maio residi na Saxônia, no começo em Leipzig, depois em Dresden. A autorização fora-me concedida pelo ministro dos Países Altos e transmitida pelo sr. deputado Weller.

BAKUNIN

Entretanto, eu morava em Leipzig, bem como em Dresden, sem legitimação. E quando o ministro dos Países Altos caiu, tendo em vista que eu não conhecia quais eram as convicções do novo ministério, busquei guardar segredo de meu endereço residencial. Em particular, fui incitado a isso porque o governo austríaco já havia iniciado uma investigação por causa de meu *Apelo aos Eslavos*.

Eis os principais elementos até os acontecimentos do mês de maio, e como, evidentemente, eles constituirão os pontos fortes de vossa argumentação, desejo detalhá-los mais a fundo. De todos os modos, também encontrareis nos dossiês a confirmação detalhada de tudo o que enuncio aqui.

1. O que eu disse concernindo a minha participação nas associações políticas alemãs aplica-se também sem reservas e sem exceção a todas as associações saxãs.

2. Nada fiz, nem por meus escritos, nem por conselhos, para provocar uma insurreição em Dresden ou onde quer que seja na Saxônia.

3. Até o momento da explosão, não pressenti a possibilidade de uma sublevação em Dresden, e creio que a análise global fará aparecer claramente que ninguém, talvez, ou pouquíssimas pessoas daquelas que dela tomaram parte na sequência, podia prevê-la até a véspera. Ao menos, parece-me que ninguém pensava na possibilidade de um movimento sério em Dresden e na Saxônia.

4. Quando os tumultos começaram na cidade, notadamente quarta-feira e quinta-feira, pensei que eles teriam por única consequência uma intensificação das

medidas policiais em Dresden, e, preocupado com a minha segurança pessoal, na medida em que minha estada não estava legalizada, busquei o meio de afastar-me de Dresden. É muito provável que se eu tivesse dinheiro nessa época, eu teria me afastado imediatamente.

5. Só entrei na sede da prefeitura na sexta-feira, e como espectador desocupado. Nesse dia, era generalizada a ideia segundo a qual a cisão poderia reabsorver-se pacificamente por concessões mútuas.

6. Interessei-me pela sublevação porque eu a considerava como uma manifestação em favor da unidade, da liberdade e da independência da Alemanha e, por consequência, contra a influência russa. Foi essa perspectiva que me levou, em seguida, a tomar parte nela.

7. Comecei a tomar parte na sublevação só no sábado.

8. Eu, em nenhum momento, assegurei o comando das operações, nem participei direta ou indiretamente dos incêndios, como propagaram em seguida na opinião pública, por maldade ou ignorância.

9. Encontrareis nos dossiês a análise de minhas atividades descritas dia após dia, e mesmo, quase hora após hora – nem mais, nem menos. Assumo a responsabilidade do que fiz e zelareis para que não coloquem em minhas costas o que não fiz. Se eu não fosse russo, se eu me encontrasse numa situação diferente, e se tivesse tido um melhor conhecimento dos locais, eu teria provavelmente feito muito mais coisas. Mas não se trata aqui de saber o que eu teria podido fazer em outras circunstâncias, mas apenas aquilo pelo qual sou realmente culpado.

# BAKUNIN

10. O fato (fato que pode ser provado de mil maneiras) que durante os combates, isto é, do sábado à quarta-feira, ninguém sabia na assembleia do governo provisório onde acontecia o essencial dos combates e onde se encontrava o inimigo, constitui uma prova irrefutável de que, dessa assembleia, absolutamente nenhum comando foi exercido.

Concluo. Se isso se revelasse necessário, eu poderia provar todos esses pontos, mas espero que encontrareis a confirmação nos dossiês. [...]

Aguardo impacientemente os jornais que vós me prometestes e sem os quais não posso começar a redigir minha defesa. Se, durante meu cativeiro, algo for escrito sobre mim ou contra mim, rogo-vos, caro senhor, para fazer chegar igualmente às minhas mãos esses escritos. Em particular, a brochura caluniosa do sr. conselheiro Meissner, cuja comissão informou-me que ela constituía o fundamento do processo intentado contra nós. Eu fui, a meu pedido, confrontado a esse sr. Meissner, que eu nunca havia tido anteriormente a honra de encontrar. Ele retirou quase tudo, ou mesmo tudo, do que escreveu contra mim (conforme podeis ler nos dossiês) e forneceu explicações tais, que toda a acusação não se sustenta mais.

Caro senhor, rogo-vos, uma vez mais, para desculpar-me por importunar-vos dessa maneira, e coloco-me sob a vossa benevolência protetora.

Vosso devotado M. Bakunin

# [A MATHILDE REICHEL]
*Fortaleza de Königstein, Alemanha, 16 de janeiro de 1850.*
Le Réveil, *Genebra, 3 de julho de 1926*

[...]

No que concerne à minha vida aqui, posso descrevê-la muito simplesmente, e em poucas palavras. Tenho um quarto muito limpo, quente e confortável, muita luz e, pela janela, vejo um pedaço de céu. Eu me levanto às sete horas da manhã e tomo café; em seguida, sento-me à minha mesa e exercito a matemática até ao meio-dia. Ao meio-dia, trazem-me o almoço. Após o almoço, jogo-me sobre o leito e leio Shakespeare, um passeio; então, colocam-me uma corrente, provavelmente a fim de que eu não fuja, o que seria impossível mesmo sem isso, pois eu caminho entre duas baionetas, e uma fuga da Fortaleza de Königstein me parece impossível. Talvez isto seja também um tipo de símbolo, para me fazer recordar, em minha solidão, os elos indivisíveis que unem cada indivíduo à humanidade inteira. De qualquer forma, enfeitado com esse artigo de luxo, caminho um pouco e admiro de longe as belezas da Suíça saxã. Meia hora depois eu retorno, retiro meu enfeite e estudo inglês até às seis horas da tarde. Às seis horas, bebo chá e retomo a matemática até as nove e meia. Ainda que eu não tenha relógio, estou bem informado quanto à hora, pois um sino da torre a indica a cada quarto de hora e, às nove e meia, ressoa um clarim melancólico, cujo canto, semelhante à lamúria gemente de um amante infeliz, é um sinal de que é preciso apagar a luz e deitar. Eu não consigo, naturalmente, dormir logo em seguida, e permaneço acordado habitualmente até à meia-noite. Utilizo esse tempo para pensar em todos os tipos de coisas e, particularmente, em algumas pessoas amadas, cuja amizade é-me tão cara. Os pensamentos são livres de qualquer fronteira, eles não são limitados por nenhuma muralha de fortaleza, e assim vagam meus pensamentos em torno do mundo inteiro, até que eu consiga dormir. Todo dia se repete a mesma história. Como podeis ver, cara amiga, minha situação não é tão má, não me falta nada aqui, a não ser duas pequenas coisas que por si só são todo o valor da vida. Minha vida interior é agora um livro lacrado por sete selos; não posso e não quero falar dela. Como eu disse, estou calmo, completamente calmo, e pronto para qualquer eventualidade. Ainda não sei o que farão comigo; espero, em breve, passar pelo primeiro julgamento. Estou pronto, tanto para entrar de novo na vida, quanto para deixá-la. Agora eu estou em ponto nulo, quer dizer, eu sou um ser unicamente pensante, ou seja, não vivente, pois entre pensar e ser, como a Alemanha aprendeu a sê-lo ultimamente, há, todavia, um imenso abismo.

[A MATHILDE REICHEL]
*Fortaleza de Königstein, Alemanha, 16 de fevereiro de 1850*

À irmã de Reichel
Cara amiga,
Eu não saberia dizer-vos o quanto vossa carta emocionou-me. Se algo pudesse, numa prisão, ligar-me à vida, seria uma amizade como a vossa. Já sabeis que

# AS PRISÕES

fui condenado à morte. Devo, portanto, dizer-vos, para consolar-vos, que me asseguraram que essa sentença seria atenuada e comutada em prisão perpétua ou prisão militar de duração equivalente. Digo-vos para consolar-vos pois, para mim, isso não me serve de consolo algum. A morte parece-me, em muito, preferível. Sim, sem fazer frases pomposas, com a mão sobre o coração, prefiro mil vezes a morte. O que diríeis de fiar a lã por toda a vossa vida ou ser aprisionado numa fortaleza sozinho, inativo e inútil num cômodo de janelas gradeadas? Despertar todos os dias tendo consciência de estar enterrado vivo e ter diante de si uma sequência interminável de jornadas desesperadoras? Em comparação, a morte é apenas um momento desagradável, e, além disso, o último; é um momento do qual ninguém pode escapar, quer transcorra com fausto, com fórmulas de evocação fixadas pela lei, com tambores e trombetas, quer surpreenda um indivíduo em seu leito. A morte seria para mim uma verdadeira libertação. Já faz vários anos que não tenho mais grande prazer de viver. Vivi por um sentimento do dever; ora, a morte me dispensaria de todo dever, bem como de toda responsabilidade. Tenho o direito de desejar a morte na medida em que nenhum ser está ligado a mim de modo indissolúvel. Meus amigos tiveram que, ou deverão, submeter-se a isso: a morte é, com efeito, um fenômeno completamente comum. Ela ameaça-nos todos os dias, a cada instante. Eu poderia muito bem ser mortalmente golpeado pela telha de um teto ou morrer de enfermidade, e devo confessar que é mais glorioso morrer por suas convicções do que, por exemplo, ser abatido por um tiro durante um duelo. Os dois últimos anos que vivi na Alemanha não me proporcionaram verdadeiramente muito prazer. Frequentemente me encontrei numa situação muito difícil, só, bem amiúde sem dinheiro e, além do mais, acusado de ser espião russo quando, do outro lado, eu era considerado um jacobino raivoso e louco. O fato de me fazerem passar por espião russo obrigou-me a cometer conscientemente inúmeras imprudências que me implicaram e me comprometeram. Eu poderia ter fugido de Dresden, mas eu não queria. O que eu queria, cara amiga, vou dizer-vos na medida em que posso permitir-me aqui falar livremente: interpus-me entre duas grandes raças que infelizmente se odeiam mutuamente, os eslavos e os alemães, para impedir uma luta funesta e para levá-los a unir-se e associar fraternalmente suas forças para lutar contra a tirania russa, não contra o povo russo, mas, ao contrário, por sua emancipação. Tratava-se de uma empresa gigantesca e eu estava sozinho, sem outros meios além de minha boa vontade e minha honestidade. Poder-se-ia, talvez, tachar-me de puro quixotismo de minha parte por pensar em semelhante trabalho titânico. Mas eu contava com uma poderosa onda do movimento: enganei-me. O refluxo produziu-se mais cedo do que eu esperava e encontrei-me imobilizado em Königstein, no ponto culminante da Saxônia. Dresden não representava, enfim, para mim, senão um verso de circunstância, mas foi precisamente lá que naufraguei.

Mereci a condenação à morte? Segundo as leis, pelo que eu pude compreender da explicação de meu advogado, sim. Em minha alma e consciência, não. As leis

## AS PRISÕES

estão raramente de acordo com a história, e elas estão quase sempre em atraso. Eis porque há agitações sobre a terra e sempre haverá. Eu agi segundo minha melhor convicção e nada busquei para mim mesmo. Fracassei como tantos outros, e alguns melhores, antes de mim, mas o que quis não pode perecer, não porque *eu* o quis, mas porque *aquilo* que eu quis constitui algo indispensável, inevitável. Cedo ou tarde, com maior ou menor sacrifício, justiça será feita, isso se realizará. É nisso que residem meu consolo, minha força e minha fé.

Querida amiga, sonhais com um reino dos céus sobre a terra; vós credes que só a palavra basta para converter o mundo, para conduzir os homens à humanidade, à liberdade. Mas apenas abri os anais da história e vereis que o mínimo progresso da humanidade, cada novo resultado vivo cresceu num solo abundantemente regado de sangue humano, e, assim, podemos esperar que o nosso também não será inteiramente perdido. O próprio Cristo – ao qual não tenho a intenção de nos comparar – foi condenado à morte por alta traição pelas leis judaicas. Mas ele não verteu sangue, vós me direis. Sim, outros tempos, outros costumes. Para entender esta questão em sua plena verdade, deveis, querida amiga, situar-vos num ponto de vista mais elevado, afastando todos os conceitos parciais e restritivos e não vendo neles um lado todo branco e o outro todo negro. A história é uma tragédia, uma luta contínua e sublime entre o Velho e o Novo. O Velho tem razão porque subsiste; o Novo, visto que ele constitui o princípio de vida e de aniquilamento inerente ao próprio Velho, é a fonte criadora do futuro. Nunca vos esquecei de que houve

# BAKUNIN

um tempo em que o Velho foi novo e, por isso, aparecia como contrário às leis. Agora se consolidou, fixou-se, quer dizer, tornou-se lei, e combate o novo Novo, assim como ele foi combatido outrora pelo velho Velho. Neste combate, é ora o Novo que triunfa, e a isso se chama revolução, ora o Velho, e a isso se dá o nome de reação ou repressão legal. As duas partes têm razão, segundo seu ponto de vista: tanto a que julga quanto aquela que é julgada. A primeira, porque tem as leis com ela, a outra, porque age de acordo com suas convicções; e sinto-me, em relação a isso, obrigado a observar que eu não estava em condição de admirar bem a nobre humanidade do tribunal – o único com o qual eu estava diretamente em contato – durante toda a duração de meu processo. A imparcialidade é impossível e, inclusive, nociva no combate. As paixões são demasiado exacerbadas. Mas agora que estou, poder-se-ia dizer, fora da vida, sinto-me feliz por poder considerar as coisas tais como elas me aparecem em sua forma depurada. Poder respeitar, inclusive, seus inimigos constitui verdadeiramente uma oportunidade, e seria uma grande infelicidade ter de lutar só contra miseráveis. Eu gostaria de apresentar-vos, por um instante, meu modo de ver; estou certo de que ele vos agradará. Recordai-vos do grande combate que opôs na Alemanha o protestantismo ao catolicismo. Quem teria podido permitir-se dizer que só os protestantes eram bons e que só havia maus entre os católicos? Nos dois campos encontravam-se homens nobres e leais e, contudo, eles se acusavam mutuamente de heresia e travavam uma luta de vida e morte. É a mesma coisa que se produz em nossa época. Pertenço, como sabeis, aos protestantes políticos, mas não creio que todos os católicos devam ser danados. O combate durará por muito tempo e o protestantismo político vencerá, bem como o religioso sobrepujou-se. Deus nos preserve, ou melhor, vos preserve, de uma paz westfaliana! No que concerne à minha própria pessoa, ela é-me completamente indiferente. Isso me faz pensar numa frase do cardeal Richelieu endereçada a um libelista, autor de uma pasquinada redigida contra ele, quando este declarou-lhe à guisa de desculpas: "Senhor, preciso viver", e ele retorquiu-lhe: "Não vejo absolutamente a necessidade disso".

Pobre amiga! Viveis uma época difícil. Essas tormentas não são feitas para vós e não podem senão encher de dores vosso coração afetuoso que necessita de tranquilidade. O mundo está de novo cindido em dois grandes partidos, e tendes amigos nos dois campos e desejaríeis dar razão aos dois, gostaríeis de estabelecer uma mediação, uma reconciliação impossível e desesperais ao ver que os dois caluniam-se mutuamente e querem aniquilar-se. Toda reconciliação é impossível, é como entre o fogo e a água que se combatem eternamente e que são, contudo, obrigados a coabitar pela força da natureza. Sei que detestais as tormentas: com razão? Eis a questão. As tormentas no mundo civilizado são tão necessárias quanto na natureza; elas purificam, rejuvenescem a atmosfera intelectual, elas fazem desenvolver-se as forças sonolentas; destroem o destrutível e conferem ao Vivo eterno um novo brilho inapagável. Na tormenta, respira-se mais facilmente e é só no combate que se vê o que um homem pode fazer, o que deve fazer. Esse tipo de tormenta faz realmente falta ao mundo atual que estava quase a ponto de sufocar sob uma atmosfera infecta. Mas ela não está perto de acabar. Penso, estou inclusive intimamente persuadido de que, o que vivemos, não constitui senão o fraco começo do que ainda está por vir e que durará muito tempo. A dificuldade da cura é diretamente proporcional à gravidade da enfermidade e a enfermidade é aqui desmedida. Observai ao vosso redor e constatareis o quanto esse mundo pretensamente civilizado está de fato embaraçado e impotente, como não sabe por onde começar, nem onde se refugiar. Está bloqueado em sua marcha para frente, não pode mais avançar, pois todos os meios da vida e do progresso abandonaram-no. Ele não crê em mais nada, nem em si mesmo, nem no futuro. Seu credo é hipocrisia ou uma tentativa doentia de inocentar-se para poder crer em algo. Sua hora soou, sua atual existência é só uma última convulsão antes da morte. Todavia, não temei nada, cara amiga, um mundo mais jovem e mais belo o sucederá. Infelizmente, para mim, não o verei, vós também não, pois, como acabo de dizê-lo, o combate durará ainda muito tempo e mais tempo do que ambos viveremos. Essa profecia causa-vos medo. O que podem fazer, perguntais, as infelizes mulheres em semelhante época? Oh! Muitas coisas, se elas soubessem. Não tomar parte alguma na secura de coração dos ódios partidários e, em meio a esse tumulto, permanecer uma manifestação da beleza e do amor; graças à sua influência, tornar mais belo e mais humano um combate que elas não podem impedir; preparar curativos para os ferimentos físicos

## AS PRISÕES

e morais; trazer sua ajuda e seu reconforto salutar a todos aqueles que caem sem consideração de partido e, assim, no meio desse combate desumano, no meio dessas guerras civis e lutas de classes, salvar a humanidade. Eis tudo o que deveriam e poderiam fazer as mulheres, se elas quisessem prestar mais atenção ao instinto de heroísmo e magnanimidade que as habita. Mas, infelizmente, deixam-se, em sua maioria, encerrar em preconceitos estreitos. Essa submissão, essa virtude das mulheres faz falta nos corações, bem como a coragem e a verdade no coração dos homens. Mas deixemos a continuidade ao destino, ainda mais porque chego ao fim dessa página e corro o risco de cair no estilo de um sermão, o que é sempre muito tedioso para aquele que o lê e também para quem escreve.

Esta já é a segunda carta que eu vos escrevo. Recebi vossa primeira carta à qual respondi há muito tempo. Espero que minha resposta tenha chegado às vossas mãos. O sr. Otto, meu advogado, também vos escreveu e endereçou as duas cartas a Copenhague, o que ele também fará decerto com esta aqui, tendo em vista que ignoramos vosso endereço exato. Eu, inclusive, esqueci vosso sobrenome: em minhas conversações com Adolph, eu sempre vos chamei de Mathilde. Não me alongarei sobre a vida que levo aqui; eu vo-la descrevi com precisão em minha primeira carta e não há grande coisa a dizer sobre isso. [...]

Até a morte, em breve ou longo prazo, permanecerei vosso velho e fiel amigo.

M. Bakunin

# [AO CZAR NICOLAU I]

*Fortaleza de Pedro e Paulo, São Petersburgo, Rússia, 1851*

Não digo que eu fosse desprovido de amor-próprio, mas jamais este sentimento me dominou; ao contrário, fui obrigado a lutar contra mim mesmo e contra minha natureza toda vez que me preparava para falar publicamente ou mesmo escrever para o público. Eu não tinha também esses vícios enormes, ao modo Danton ou Mirabeau, eu não conhecia essa depravação ilimitada e insaciável que, para satisfazer-se, está pronta a chocar o mundo inteiro. E se eu sofresse de egoísmo, este egoísmo seria unicamente necessidade de movimento, necessidade de ação. Sempre houve em minha natureza um defeito capital: o amor pelo fantástico, pelas aventuras extraordinárias e inauditas, ações abrindo à visão *horizontes ilimitados* e que ninguém pode prever o desfecho. Numa existência ordinária e calma eu sufocava, sentia-me mal em minha pele. Os homens procuram ordinariamente a tranquilidade e a consideram como o bem supremo; no que me concerne, ela me mergulhava no desespero; minha alma se encontrava em perpétua agitação, exigindo ação, movimento e vida. Eu devia ter nascido em algum lugar nas florestas americanas, entre os colonos do *Far West*, lá onde a civilização está ainda em seu início e onde toda existência nada mais é do que uma luta incessante contra homens selvagens e contra a natureza virgem, e não numa sociedade burguesa organizada. E, também, se desde minha juventude o destino tivesse querido fazer de mim um marinheiro, eu seria ainda hoje, provavelmente, um bom homem, eu não teria pensado na política e não teria procurado outras aventuras e tempestades a não ser as do mar. Mas o destino decidiu de outra forma e minha necessidade de movimento e de ação permaneceu insatisfeita. Esta necessidade, associada, em seguida, à exaltação democrática, foi, por assim dizer, minha única motivação. No que concerne a esta exaltação, ela pode ser definida em poucas palavras: o amor pela liberdade e um ódio invencível por toda opressão, ódio ainda mais intenso quando esta opressão dizia respeito à outra pessoa, e não a mim mesmo. Procurar minha felicidade na felicidade do outro, minha dignidade pessoal na dignidade de todos aqueles que me cercavam, ser livre na liberdade dos outros, eis todo meu credo, a aspiração de toda minha vida. Eu considerava como o mais sagrado dos deveres aquele de revoltar-me contra toda opressão, fosse o autor ou a vítima. Sempre houve em mim muito de Dom Quixote, não somente na política, mas também em minha vida privada; eu não podia ver, com olhar indiferente, a mínima injustiça, e, por uma razão ainda mais forte, uma gritante opressão; algumas vezes, sem ter a competência nem o direito, intrometi-me, de modo irrefletido, nos problemas dos outros e cometi, também, durante uma existência agitada, mas vazia e inútil, muitas besteiras, incorri em muitas contrariedades e fiz inúmeros inimigos, sem odiar, por assim dizer, ninguém. Eis, sire, a verdadeira chave de todos os meus atos insensatos, de meus pecados e de meus crimes. Se falo disso com esta segurança e com esta clareza, é porque eu tive, durantes estes dois últimos anos, bastante tempo para estudar a mim mesmo e para refletir sobre meu passado; agora me vejo com indiferença, como se pode ver um moribundo ou um morto.

## [AOS IRMÃOS E IRMÃS]
*Fortaleza de Pedro e Paulo, Rússia, fevereiro de 1854*

Meus queridos amigos!

Eu sei a que perigo terrível eu vos exponho ao escrever esta carta. Todavia, eu a escrevo; daí vocês concluirão o que é [palavra ilegível] grande para mim a necessidade de me explicar convosco, e dizer, ainda que fosse só mais uma vez, sem dúvida a última, em minha vida, livremente, sem coação, o que eu sinto, o que eu penso. É a primeira vez, e será a última também, que eu farei com que correis um risco. Esta carta é minha suprema e última tentativa de me reconciliar com a vida: uma vez bem esclarecida minha posição, eu saberei se devo esperar ainda na esperança de poder me tornar útil segundo as ideias que ainda tenho e que sempre serão as minhas, ou se devo morrer. Não me acusai nem de impaciência, nem de fraqueza; seria injusto. Perguntai, ao contrário, ao meu capitão, agora major; ele vos repetirá o que me disse com frequência; que raramente ele viu um prisioneiro tão racional, tão corajoso quanto eu; estou sempre de bom humor, estou sempre rindo – e, no entanto, vinte vezes por dia eu gostaria de morrer, de tanto que minha vida tornou-se penosa. Sinto que minhas forças se esgotam; minha alma ainda está forte, mas meu corpo enfraquece-se; a imobilidade, a inação forçada, a falta de ar e, sobretudo, um cruel momento interior, que somente um prisioneiro isolado como eu poderá compreender, e que não me dá descanso nem de dia, nem de noite, desenvolveram em mim os germes de uma doença crônica que, por não ser médico, eu não posso definir, mas a cada dia se faz sentir em mim de uma maneira mais desagradável – são, penso, hemorroidas, complicadas por outros fatores que eu ignoro; os males de cabeça não me abandonam quase nunca; meu sangue está em plena revolta, sobe ao peito, à minha cabeça, e sufoca-me a ponto de tirar-me a respiração durante horas inteiras, e quase sempre escuto em meus ouvidos um ruído parecido com aquele que produz a água fervente; duas vezes por dia, infalivelmente, tenho febre, antes do meio-dia e à noite, e, durante o resto do dia, sinto-me atormentado por um mal-estar interior que queima meu corpo, embaraça minha cabeça e parece querer-me devorar lentamente – vós me vereis; vós me encontrareis bem mudado, Tatiana, mesmo depois da última vez que nos vimos; uma vez tive a ocasião de me contemplar num espelho e achei-me terrivelmente feio. Quanto a isso, eu me preocupo pouco; renunciei, já faz muito tempo, àquilo que os velhos como eu chamam de vaidade, e que os jovens denominam, com mil vezes mais razão, a própria essência da vida; para mim permaneceu apenas um único interesse, um único objeto de culto e de fé – vós o denominastes e, se não posso viver para ele, não quero viver absolutamente. Pouco me importa minha feiúra, pouco me importaria também com esta doença, se ela quisesse me levar a galope; eu não pediria nada melhor do que partir bem rápido com ela; mas rastejar lentamente para o túmulo, embrutecendo-me durante o percurso, eis a que não posso consentir.

# BAKUNIN

Minha moral ainda se mantém; minha cabeça está lúcida apesar de todos os males que, em regra, fazem dela sua residência; minha vontade, espero, não se dobrará nunca; meu coração parece de pedra, é verdade, mas dai-me a possibilidade de agir e ele resistirá. Nunca, segundo me parece, tive tantas ideias, nunca senti uma sede tão ardente de movimento e ação. Eu, portanto, ainda não estou completamente morto, mas esta vida da alma que, ao se concentrar, tornou-se mais profunda, mais poderosa talvez, mais desejosa de manifestar-se, torna-se para mim uma fonte inexaurível de tormentos que eu nem sequer tentarei descrever.

# O EXÍLIO NA SIBÉRIA

[A ALEXANDRE HERZEN]
*Irkutsk, Rússia, 7 de novembro de 1860*

Caro Herzen,
Já faz sete meses que eu te escrevi uma longuíssima carta de vinte páginas. Por diversas razões, ela não chegou às tuas mãos. Foi a primeira manifestação de uma voz que voltou a ser livre após um longo silêncio. Hoje, serei mais breve. Inicialmente, deixa-me ressuscitar dentre os mortos, agradecer-te pelas nobres e simpáticas palavras que, pela imprensa, tu disseste a meu respeito durante minha triste detenção. Elas atravessaram os muros que me isolavam do mundo e me trouxeram muito reconforto. Tu havias enterrado-me, mas ressuscitei, graças a Deus, vivo e não morto, pleno desse mesmo amor apaixonado pela liberdade, pela lógica, pela justiça, que foi e que é ainda agora toda a razão de ser de minha vida. Oito anos de reclusão em diversas fortalezas fizeram com que eu perdesse meus dentes, mas não enfraqueceram minhas convicções; ao contrário, elas se fortaleceram. Nas fortalezas tem-se tempo para refletir; os sentimentos que foram as motivações de toda a minha juventude concentraram-se, clarificaram-se, tornaram-se, por assim dizer, mais sensatos e, segundo me parece, mais capazes de manifestar-se na prática. Libertado da Fortaleza de Schlüsselburg, há quase qua-

tro anos, recuperei igualmente a saúde; estou casado, feliz, em família, e, apesar disso, pronto, como antes, e inclusive com a paixão de outrora, para lançar-me em meus antigos pecados, desde que a ocasião se apresente. Retomo por minha conta as palavras de Fausto: *Estou muito velho para apenas me divertir, muito jovem para estar sem desejos.* E o futuro, mesmo o futuro próximo, parece prometer muito.

## [A ALEXANDRE HERZEN]
*1860*

Tenho a intenção de enviar-te, em breve, um diário detalhado de meus *fatos e gestos*, desde nosso último adeus da avenida Marigny, mas hoje eu direi algumas palavras de minha situação atual.

Preso um ano na Saxônia, de início em Dresden, depois em Königstein, aproximadamente um ano em Praga, cinco anos em Olmutz, inclusive acorrentado ao muro, fui, em seguida, transportado para a Rússia. Na Alemanha e na Áustria minhas respostas às questões foram muito curtas: "Vós conheceis meus princípios, eu os publiquei e fi-los conhecer em alta e inteligível voz; eu quis a unidade de uma Alemanha democrática, a emancipação dos eslavos, a destruição de todos os reinos cimentados pela violência, antes de tudo, a destruição do império austríaco; apanhado de arma na mão, vós tendes muitos elementos para julgar-me. Eu não responderei mais a nenhuma de vossas questões". Em maio de 1851, fui transferido para a Rússia, diretamente para a Fortaleza de Pedro e Paulo, na fortificação Aleksei, onde permaneci encarcerado por três anos. Dois meses após a minha chegada, o conde Orlov veio ver-me em nome do monarca. "O soberano enviou-me a vós e ordenou que eu vos transmitisse o seguinte: 'Diga-lhe que me escreva, como um filho espiritual escreve a um pai espiritual'; quereis escrever?"

Eu refleti um pouco e disse a mim mesmo que, diante de um júri, num processo público, eu deveria manter meu papel até o fim, mas entre quatro paredes, à mercê do urso, eu podia sem vergonha suavizar as formas; pedi, então, um prazo de um mês; eu aceitei – e efetivamente escrevi um tipo de confissão, alguma coisa no tipo de *Dichtung und Wahrheit*;[1] meus atos eram, por sinal, tão manifestos, que eu nada tinha a esconder. Após ter, em termos gentis, agradecido ao monarca por sua complacente atenção, acrescentei: "Sire, vós quereis que eu vos escreva minha confissão, está certo, eu a escreverei, mas sabeis que na confissão ninguém é obrigado a declarar os pecados de outro. Após meu naufrágio, só me resta um único tesouro, a honra e o sentimento de que não traí nenhum daqueles que confiaram em mim; consequentemente, não delatarei ninguém". Dito isso, com algumas exceções, contei a Nicolau toda a minha vida no estrangeiro, inclusive todos os meus projetos, impressões e sentimentos, o que fez com que ele apresentasse múltiplas observações edificantes em relação à sua política interior e exterior. Minha carta, que levava em consideração, de início, a situação perfeitamente clara e aparentemente sem saída na qual eu

---

[1]*Poesia e verdade*, autobiografia de Goethe. [N. do E.]

me encontrava, e, por outro lado, o caráter enérgico de Nicolau, era escrita de modo muito firme e determinado – e foi por isso que ela muito lhe agradou. Por que, no fundo, eu lhe sou agradecido? Porque após tê-la recebido ele nunca mais me interrogou sobre qualquer assunto. Encarcerado durante três anos na Fortaleza de Pedro e Paulo, fui transferido no início da guerra de 1854 para Schlüsselburg, onde permaneci detido por mais três anos. Atingido pelo escorbuto, perdi todos os meus dentes. A prisão perpétua é uma coisa terrível; levar uma vida sem objetivo, sem esperança, sem interesse. Dizer a si mesmo todos os dias: "Tornei-me, hoje, um pouco mais imbecil, e amanhã o serei ainda mais". Com uma insuportável dor de dente que durava semanas e voltava pelo menos duas vezes por mês; não podendo dormir nem de dia nem de noite, fizesse o que fizesse, lesse o que lesse; e mesmo durante o sono eu sentia no coração e no fígado uma dor alucinante, com este sentimento fixo: eu sou um escravo, sou um morto, sou um cadáver. Entretanto, não perdi a coragem; se a religião manteve-se em mim, ela desmoronou definitivamente nas fortalezas. Eu só tinha um desejo: não capitular, não me resignar, não me rebaixar até procurar um consolo em não sei qual equívoco, guardar até o fim, intacto, o sentimento sagrado da revolta. Morto Nicolau, pus-me a esperar mais vivamente. Houve a coroação, a anistia. Alexandre Nikolaevitch, de seu próprio punho, riscou meu nome da lista que lhe haviam apresentado; e, quando, um mês mais tarde, minha mãe implorou-lhe que me concedesse o perdão, respondeu-lhe: "Sabei, senhora, que enquanto vosso filho viver, ele

## BAKUNIN

jamais poderá ser livre". Depois disso, prometi a meu irmão Alexei, que tinha ido visitar-me, aguardar com paciência ainda um mês; passado este prazo, se eu não tivesse recuperado a liberdade, meu irmão prometia trazer-me veneno. Passou um mês: recebi uma intimação para escolher entre a fortaleza e a deportação para a Sibéria. É claro que escolhi a deportação. Minha libertação da fortaleza não foi obtida com facilidade; o monarca, teimoso como uma mula, recusou-a diversas vezes. Um dia, ele entrou no gabinete do príncipe Gorchtakov (ministro das Relações Exteriores) com uma carta na mão (precisamente a carta que eu escrevera em 1851 a Nicolau) e disse-lhe: "Mas eu não vejo o mínimo arrependimento nesta carta"; o idiota queria um *arrependimento*! Enfim, em março de 1857, saí de Schlüsselburg; passei uma semana nos locais da Terceira Seção e, com o consentimento do monarca, permaneci por 24 horas com a minha família, no campo; em abril, fui conduzido a Tomsk. Lá vivi aproximadamente dois anos e conheci uma encantadora família polonesa, cujo pai, Ksaverii Vasilievitch Kwiatkowski, trabalha na indústria aurífera. A uma versta[2] da cidade, no campo, ou, como se diz na Sibéria, nas terras de Astangovo, esta família morava numa pequena casa, onde a vida passava na tranquilidade e no respeito das velhas tradições e costumes. Adquiri o hábito de ir vê-los todos os dias, e propus-me a ensinar francês etc., às duas moças; liguei-me afetivamente com minha esposa, ganhei sua inteira confiança (eu a amei apaixonadamente, ela também es-

[2] Medida russa equivalente a 1.067 m. [N. do T.]

# O EXÍLIO NA SIBÉRIA

tava apaixonada por mim), de modo que a desposei; e já faz dois anos que estou casado e muito feliz. É bom viver não para si, mas para um outro, sobretudo quando esse outro é uma mulher gentil; entreguei-me inteiramente a ela e, de seu lado, ela divide pelo coração e pelo espírito todas as minhas aspirações. Ela é polonesa, mas não é católica por convicções; de modo que ela também está isenta de fanatismo político; é uma patriota eslava. O governador-geral da Sibéria ocidental, Hasford, solicitou, sem que eu tivesse conhecimento, o consentimento do monarca para que eu tivesse um emprego civil, primeiro passo rumo à minha libertação da Sibéria; mas eu não quis aproveitar-me disso; pareceu-me que, carregando a insígnia com as cores nacionais, eu perderia minha pureza e minha inocência; assim, fiz os contatos para obter a minha transferência para a Sibéria oriental, e foi com grande dificuldade que eles deram bons resultados; souberam das simpatias que teria por mim Muraviev, que veio descobrir-me em Tomsk, e manifestou aberta e publicamente sua estima. Por muito tempo não consentiram (na minha transferência); enfim, tive o consentimento. Em março de 1859, instalei-me em Irkutsk, onde entrei para o serviço da recém-fundada Companhia (fluvial) do Amur; no verão seguinte, naveguei por toda a Transbaicália, mas no início de 1860 deixei a Companhia, convencido de que nada havia a aproveitar disso. Neste momento, procuro um emprego na indústria aurífera, com Benerdaki; minhas tentativas ainda não surtiram resultado; eu gostaria de não precisar do apoio de meus irmãos. Eles não são ricos; além do mais, sem esperar a decisão de Petersburgo, eles emanciparam seus camponeses; deram-lhes terras e contrataram todos os serviços por meio de mão de obra remunerada, o que resultou numa grande perda de capital. De qualquer modo, eu vivo aqui em condições bastante difíceis, mas espero que a minha situação não demore a melhorar.

# A FUGA

[A MIKHAIL SEMENOVITCH KORSAKOV]

*29 de agosto/10 de setembro de 1861.[1] Yokohama, próximo a Yedo, Japão[2]*

Mikhail Semenovitch,

Escrevi-vos do porto de Olga, mas minha carta deve ter-se extraviado e, além do mais, dirigindo-me a San Francisco e afastando-me definitivamente da fronteira russa, eu gostaria de despedir-me uma vez mais de vós. Conforme sabeis, resta-me pouca esperança de retornar à Rússia; também sabeis que não havia qualquer atividade para mim na Sibéria. Eu não deveria buscar a vida e o trabalho no estrangeiro onde, espero, serei mais útil à minha pátria do que em Irkutsk? Viajo cheio de amor por minha pátria, tomado por uma gratidão sincera pelo czar que começou a emancipar o povo russo, e de decepção por ele não ter tido bastante coragem para ir até o fim, e ter-se, por assim dizer, detido a meio caminho. Ele modificou a orientação que só ela podia salvá-lo, bem como o reino russo; ele não compreende, por exemplo, que libertar a Polônia e estabelecer a grande questão eslava é tão imperiosamente indispensável neste

---

[1]Diferença de doze dias entre o calendário juliano (utilizado na Rússia daquela época) e o calendário gregoriano. [N. do E.]

[2]Yedo ou Edo, tornou-se a capital do Japão em 1868, passando a chamar-se Tóquio. [N. do T.]

momento ao bem da Rússia quanto à emancipação dos camponeses. Viajo, enfim, cheio de desprezo e ódio por seu governo malfazejo e obtuso que puxa a Rússia com todas as suas forças para trás, para o abismo. Esses sentimentos guiarão tudo o que direi, escreverei, farei, e espero que os anos que me restam não transcorram em vão. Agora, Mikhail Semenovitch, dirijo-vos uma importante súplica. Ignoro se minha mulher foi ou não para a casa de sua mãe, no vilarejo, para vir juntar-se a mim em Londres; em todo o caso, temo que o governo tenha ousado prendê-la. Seria simultaneamente ilegal e inútil, mesquinho e vil, mas podemos esperar tudo dele, à exceção de mostrar-se inteligente e fazer o bem. Ajudai-a Mikhail Semenovitch; espero que vossa mediação seja onipotente e lhe seja enormemente útil. Sede também o protetor de sua família que, conforme sabeis, deixei em Irkutsk na situação mais incerta e mais desagradável. Uma única palavra vossa bastará para esclarecer e simplificar essa situação; é possível que vós vos recuseis a pronunciá-la, tanto mais porque ela será a favor de um homem verdadeiramente honesto e útil: Ksaverii Vasilievitch Kwiatkowski. Não vos surpreendeis, Mikhail Semenovitch, com o fato de um criminoso político fugitivo da Sibéria, e que talvez tenha engajado de modo desagradável vossa responsabilidade, ouse importunar-vos com suas súplicas. Sois governador-geral, é verdade, mas sois antes de tudo um homem bom e nobre. Compreendereis que eu deveria ouvir minhas convicções. Nunca houve ligação estreita entre nós: nossas situações e, sem dúvida também, nossas naturezas eram demasiado diferentes. Vós não me amáveis mas não podíeis recusar-me vosso respeito, e é em nome desse respeito mútuo que ouso dirigir-me a vós, certo de que fareis todo o vosso possível. Espero que meus irmãos já vos tenham enviado o dinheiro que vos tomei emprestado antes de minha viagem, e se ainda não o enviaram, eles o farão em breve, sem sombra de dúvida.

Adeus, Mikhail Semenovitch.

Vosso devotado M. Bakunin

## [A ALEXANDRE HERZEN]
*San Francisco, Estados Unidos, 15 de outubro de 1861*

Amigos!

Consegui fugir da Sibéria; e após longas peregrinações pelo Amur e pelas costas do estreito da Tartária, depois pelo Japão, cheguei hoje em San Francisco. Mas essas peregrinações esgotaram meu pecúlio, que já não era significativo, de tal modo que se eu não tivesse encontrado um bom homem que me emprestou 250 dólares, que eu pagaria em Nova York, eu teria me encontrado em grande dificuldade. Até chegar a vós, está longe e não tenho aqui amigos, nem mesmo conhecidos. Estarei em Nova York por volta de 18 de novembro. Segundo meus cálculos, recebereis este carta por volta de 15 de novembro; nessas condições, vossa resposta pode chegar a Nova York no fim do mês. Espero que vos tenham enviado dinheiro da Rússia para mim. Mas quer seja assim quer não, rogo-vos para que me enviem para Nova York quinhentos dólares, isto é, segundo me parece, cem libras esterlinas, que me são necessárias para cobrir minhas despesas de viagem até Londres. Nesse caso, estarei convosco por volta de 10 de dezembro. Mais uma súplica: assim que receberem esta carta, informai imediatamente a meus irmãos, por vossos amigos na Rússia (em Tver ou governo de Tver, cidade de Torzhok, burgo de Premukhino, Nikolai Aleksandrovitch Bakunin), que cheguei são e salvo em San Francisco, e que chegarei em Londres em meados de dezembro. Minha esposa encontra-se agora, sem dúvida, com minha família, no burgo, e, acompanhada de um dos meus irmãos ou de outra pessoa, ela partirá para Londres assim que receber notícias; e mais um pedido: alugai para mim, bem próximo a vós, um local barato e escrevei-me, para Nova York, aonde deverei dirigir-me em Londres. Se o local revelar-se demasiado pequeno, saberei, quando minha esposa chegar em Londres, alugar um outro. Meu endereço em Nova York: Mr. Bakunin, "Howard House", low Broadway and Courtland. Em vossa carta, colocai um bilhete em meu nome, algo como um aviso de vosso banqueiro, mencionando a soma que vós me enviais, e o nome do banqueiro em Nova York que, ao apresentar-lhe esse bilhete, deverá entregar-me a soma.

Amigos, aspiro de todo meu ser juntar-me a vós, e, desde a minha chegada, colocar-me-ei à obra; encarregar-me-ei entre vós da questão polono-eslava que foi minha ideia fixa desde 1846 e praticamente minha especialidade em 48 e 49. A destruição, a destruição integral do império da Áustria, será minha última palavra, não digo meu caso, seria demasiado pretensioso; para servir a essa nobre causa, estou pronto a engajar-me sob os tambores ou, inclusive, entre os vagabundos; e se eu conseguisse fazê-la avançar um milímetro, ficaria contente. Mas por trás dela surge a gloriosa, a livre federação eslava, única saída para a Rússia, a Ucrânia, a Polônia e, de uma maneira geral, para todos os povos eslavos. Aguardo com grande impaciência o dia de amanhã para ter as notícias da Rússia e da Polônia. Hoje, tive de contentar-me com vagos rumores. Falaram-me de uma retomada de choques sangrentos entre o povo e o exército no reino da Polônia, e, inclusive, na Rússia, de um complô às claras contra a vida do imperador e de sua família. Talvez eu saiba amanhã o que ocorre de fato.

A luta entre os estados do norte com aqueles do sul da América também me interessa enormemente. É óbvio que todas as minhas simpatias pendem para o norte, mas, infelizmente, parece que o sul conduziu sua ação mais energicamente, mais inteligentemente, e com mais coesão do que o norte; ele teve sem contestação a superioridade em todos os confrontos. É verdade que o sul começou a preparar-se para a luta há três anos, enquanto os estados do norte foram apanhados despreparados. O incrível sucesso de especulações felizes e raramente muito honestas, a mediocridade de um bem-estar material egoísta, e a satisfação por conta de um infantil e pavoroso orgulho nacional aparentemente os corromperam enormemente; e talvez essa luta seja salutar pelo fato de que ela devolverá ao povo americano a alma que ele perdeu.

Ao menos é a minha primeira impressão; observando isso mais de perto, talvez eu modifique minha opinião. Todavia, não terei a possibilidade de observar por muito mais tempo. Em San Francisco, permanecerei ao todo cinco dias; e tão logo chegue a Nova York, irei a Boston e a Cambridge, visitarei meu velho conhecido, o professor Agazis; buscarei com ele cartas de recomendação com as quais irei por alguns dias a Washington. Dessa maneira, acabarei por surpreender-me ou aprender alguma coisa. Durante o trajeto consegui organizar um bom negócio que decerto vos encantará: sabedor da avidez com que o *Kolokol* e a *Poljarnaja Zvezda* são lidos na Sibéria e de quão difícil é obtê-los, fechei um acordo com três negociantes, um alemão, em Xangai; um americano, no Japão; e um outro americano em Nikolaevsk, na embocadura do Amur. Eles receberão mediante comissão tudo o que lhes enviarmos de Londres e venderão aos oficiais da marinha ou aos comerciantes de Kjachtinsk, cujo número no Amur e no oceano Pacífico cresce de ano a ano. Desse modo, venderemos entre cem e trezentos exemplares, quantidade que do ponto de vista comercial não é considerável, mas que, do ponto de vista político, será extremamente importante. [...]

Vosso M. Bakunin

[A ALEXANDRE HERZEN]
*Oceano Pacífico, 400 milhas do istmo do Panamá, a bordo. 3 de novembro de 1861*

Amigos,
Escrevi-vos duas vezes de San Francisco e enviei as cartas pelo Pony Express (estafeta). Mas sabe Deus

# BAKUNIN

se minhas cartas chegaram às vossas mãos. O Pony Express atravessa o Missouri e no Missouri a guerra intestina é extremamente violenta. O capitão inglês de um *man of war*[3] parte do Panamá diretamente para a Inglaterra. Ele é filho do chefe de polícia de Londres, razão pela qual estou certo de que esta carta, que ele levará consigo, chegará às vossas mãos. Antes de minha partida, eu ainda vos escrevi de Irkutsk que, sem ter qualquer esperança de retornar à Rússia por via regular, isto é, com a permissão de Sua Majestade, decidi tomar a liberdade que não queriam me dar. Em 5/17 de junho,[4] deixei Irkutsk despedindo-me de minha esposa que, em setembro, deve ter ido ao encontro de minha querida mãe no campo, e que, em seguida, assim que tiver recebido notícias minhas, partirá para Londres para encontrar-se comigo.

Após ter descido o Amur até Nikolaevsk, embarquei incógnito num navio americano e por muito tempo naveguei no estreito da Tartária e nas costas do Japão. Enfim, em 5 de setembro, em Yokohama, a catorze milhas de Yedo, consegui encontrar um outro navio americano que partia para San Francisco. Agora eu vos escrevo a bordo do paquete *Orizaba* a quatrocentas milhas do istmo do Panamá; e por volta do dia 14, se deste lado do istmo, no golfo do México, um *Privateer with a letter of mark*[5] não nos interceptar, estarei em Nova York. Lá, esperarei cartas e dinheiro de vossa parte, pois meus fun-

---

[3]Tipo de navio armado muito poderoso que singrou os mares do século XVI ao XIX. [N. do T.]

[4]Calendário juliano / gregoriano. [N. do E.]

[5]Um corsário: embarcação pirata que, por missão ou carta de

A FUGA

dos estão completamente esgotados. De meu dinheiro que, segundo meus cálculos, deve ter sido enviado a vós, ou, no caso contrário, do vosso, enviai-me, rogo-vos, quinhentos dólares, na falta dos quais ser-me-á impossível partir de Nova York. Transferi essa soma para mim pelo banco Ballin et Sanders em Nova York, para Mr. Michel Bakounin. Se, contudo, vós já me enviastes cartas e dinheiro ao endereço que vos indiquei de San Francisco, ao receberdes esta carta, escrevei-me, rogo-vos, uma vez mais em nome de Ballin et Sanders. E mais uma súplica, amigos. Se tiverdes cartas de minha esposa ou de minha família, apressai-vos para enviá-las para mim em Nova York e informai imediatamente, por vossos correspondentes na Rússia, a meus irmãos no governo de Tver (cidade de Torzhok, burgo de Premukhino) que em meados de dezembro deverei estar em Londres.

Cuidai-vos bem. Abraço-vos muito forte. Até breve.

M. Bakunin

## [A NIKOLAI IVANOVITCH TURGUENIEV]
*Londres, Inglaterra, 31 de dezembro de 1861*

Caro Nikolai Ivanovitch,

Meu primeiro pensamento quando cheguei em Londres (27 de dezembro) foi saudar-vos; vós, o patriarca de nossa livre causa russa. Como podeis ver, não se morre em nossa época. Fui mal enterrado? Repousei treze anos sob três prisões: a saxã, a austríaca e a russa,

marca do governo, era autorizada a pilhar navios de outra nação. [N. do T.]

# BAKUNIN

esmagado sob o pesado punho de Nicolau; e então? Nicolau morreu e eu estou livre. Livre não por permissão do czar, mas por minha própria decisão, porque eu nada tinha a fazer na Sibéria e porque não tive vontade de permanecer numa inação pútrida quando todos ao meu redor agitavam-se. O Amur aberto e criado por Muraviev [...] é um belo rio navegável e, em Nikolaevsk, na embocadura do Mur, cruzam pequenos navios americanos. Fiz uma pequena descida do Amur num vapor até Nikolaevsk, e, de lá, a bordo de um clíper americano, cheguei ao Japão, San Francisco, Nova York, Boston e Londres.

Assim, bom e mui respeitável patriarca, festejai minha liberdade e desejai-me uma atividade útil e frutuosa. Devo dizer-vos a que tendem todas as minhas aspirações. Meu coração não mudou, embora eu espere que treze anos de rudes provações não tenham transcorrido em vão nem para minha inteligência, nem para minha experiência. Cessei de ser um revolucionário abstrato e tornei-me cem vezes mais russo do que o fui outrora e, ainda que não tenha cessado de simpatizar ardentemente com as vitórias da liberdade no mundo inteiro, compreendi que o russo deve, de preferência, agir na Rússia e sobre a Rússia, e, se quiserdes, num sentido mais amplo, exclusivamente sobre o mundo eslavo. Mas tornaremos a falar disso em breve *tête-à-tête*, espero, em Paris, se, contudo, me deixarem entrar na cidade.

Agora, quero simplesmente cerrar-vos a mão, Nikolai Ivanovitch, e dizer-vos que durante toda a minha prisão e reclusão, conservei de vós uma nobre e viva lembrança. O bom e nobre velho Bernackii já não está entre nós.

Quantos daqueles que foram alegres e jovens já não estão mais vivos.

Pois bem, celebremo-los por nossa ação mais do que por nossas palavras.

Adeus, por enquanto, e transmiti minha saudação respeitosa à vossa esposa.

Vosso sempre devotado,

M. Bakunin

# A REVOLUÇÃO SOCIAL NA FRANÇA

[A ALBERT RICHARD]
*Genebra, Suíça, 12 de março de 1870*

Caro amigo e irmão,

Circunstâncias independentes de minha vontade impedem-me de ir tomar parte na vossa grande assembleia de 13 de março. Mas eu não gostaria de deixá-la passar sem exprimir a meus irmãos da França meu pensamento e meus votos.

Se eu pudesse assistir a esta imponente reunião, eis o que eu diria aos operários franceses, com toda a franqueza *bárbara* que caracteriza os democratas socialistas russos.

Trabalhadores, contem agora unicamente convosco. Não vos desencorajeis e não paraliseis vossa potência ascendente através de alianças de enganados com o radicalismo burguês. A burguesia nada mais vos tem a dar. Ela está política e moralmente morta, e só conservou, de todas suas magnificências históricas, uma única força, a da riqueza fundada sobre a exploração do vosso trabalho. Ela foi, outrora, grande, audaciosa, poderosa em pensamento e em vontade. Tinha um mundo a derrubar, um mundo novo a criar, o mundo da civilização moderna. Derrubou o mundo feudal com vossos braços

## A REVOLUÇÃO SOCIAL NA FRANÇA

e fundou seu novo mundo sobre vossos ombros. Ela quer, naturalmente, que vós não deixeis nunca de servir de cariátide a este mundo. Ela quer a conservação dele, e vós quereis, vós deveis querer, sua derrubada e sua destruição. O que há de comum entre vós?

Levareis a ingenuidade até o limite de acreditar que a burguesia consentirá algum dia em despojar-se voluntariamente do que constitui sua prosperidade, sua liberdade e sua própria existência como classe separada da massa economicamente escravizada do proletariado? Sem dúvida que não. Vós sabeis que nenhuma classe dominante jamais fez justiça contra ela própria, que sempre foi preciso forçá-la. Esta famosa noite de 4 de agosto, na qual se concedeu muita honra à nobreza francesa, não foi consequência forçada da revolta geral dos camponeses que queimaram os títulos nobiliários, e com estes títulos, os castelos?

Vós sabeis muito bem que, ao invés de vos conceder as condições de igualdade econômica séria, as únicas que vós podereis aceitar, eles rejeitarão fazê-lo mil vezes, sob a proteção da mentira parlamentar, e, se necessário, sob a de uma nova ditadura militar.

Mas então, o que vós podeis esperar do republicanismo burguês? O que ganhareis aliando-vos com ele? Nada, e perdereis tudo, pois não podereis aliar-vos com ele sem abandonar a santa causa, a única grande causa, hoje: aquela da emancipação integral do proletariado.

Já é tempo de proclamardes uma ruptura completa. Vossa salvação está sujeita a este preço.

Significa dizer que devereis rejeitar todos os indivíduos nascidos e criados no seio da classe burguesa,

# BAKUNIN

mas que, tocados pela justiça de vossa causa, virão a
vós para servir esta causa e para vos ajudar a fazê-la
triunfar? Bem ao contrário; recebei-os como amigos,
como iguais, como irmãos, desde que sua vontade seja
sincera e que eles vos tenham dado garantias tanto teóricas quanto práticas da sinceridade de suas convicções.
Em teoria, eles devem proclamar em voz alta e sem nenhuma reticência todos os princípios, consequências
e condições de uma igualdade econômica e social séria, de todos os indivíduos. Na prática, eles devem ter
resoluta e definitivamente rompido todas as relações
de interesse, de sentimento e de vaidade com o mundo
burguês, que está condenado a morrer.

Vós trazeis convosco, hoje, todos os elementos da
força que deve renovar o mundo. Mas os elementos da
força não são ainda a força. Para constituir uma força
real, devem estar organizados; e para que esta organização esteja conforme à sua origem e a seu objetivo, não
deve receber em seu seio nenhum elemento estranho.
Vós deveis, portanto, manter afastado dela tudo o que
pertence à civilização, à organização jurídica, política
e social da burguesia. Conquanto a política burguesa
fosse vermelha como o sangue, e quente como o ferro
em brasa, se ela não aceitasse como objetivo imediato e
direto a destruição da propriedade jurídica e do Estado
político, os dois baluartes sob os quais se apoia toda a
dominação burguesa, seu triunfo só poderia ser fatal à
causa do proletariado.

A burguesia, por sinal, que chegou ao último grau
de impotência intelectual e moral, é incapaz de fazer
hoje uma revolução por si própria. Somente o povo a

# A REVOLUÇÃO SOCIAL NA FRANÇA

quer e terá a força para fazê-la. O que quer, pois, esta parte avançada da classe burguesa, representada pelos liberais ou pelos democratas exclusivamente políticos? Ela quer se apoderar da direção do movimento popular para usá-lo mais uma vez em seu proveito, ou, como eles próprios o dizem, para salvar as bases do que denominam civilização, quer dizer, os próprios fundamentos da dominação burguesa.

Os operários desejarão mais uma vez representar o papel dos enganados? Não. Mas para não serem enganados, o que devem fazer? Abster-se de qualquer participação no radicalismo burguês e organizar fora dele as forças do proletariado. A base desta organização está dada: são as oficinas e a federação das oficinas; a criação das caixas de resistência, instrumentos de luta contra a burguesia, e sua federação, não somente nacional, mas internacional; a criação das câmaras de trabalho, como na Bélgica.

E quando a hora da revolução tiver soado, teremos a liquidação do Estado e da sociedade burguesa, incluindo todas as relações jurídicas. A anarquia, quer dizer, a verdadeira, a franca revolução popular, a anarquia jurídica e política, a organização econômica de baixo para cima e da periferia ao centro, o mundo triunfante dos trabalhadores.

E, para salvar a revolução, para conduzi-la a um bom fim, mesmo no meio desta anarquia, é necessária a ação de uma ditadura coletiva, invisível, não revestida de uma força qualquer, mas sim, eficaz e poderosa, ação natural de todos os revolucionários socialistas, enérgicos e sinceros, disseminados sobre toda a superfície do país, mas unidos fortemente por um pensamento e por uma vontade comum.

Tal é, meu caro amigo, segundo meu pensamento, o único programa cuja aplicação ousada trará não novas decepções, mas o triunfo definitivo do proletariado.

## [A ALBERT RICHARD]
*Locarno, Suíça, 23 de agosto de 1870*

Caro amigo,

Recebi tua carta do dia vinte. Tens razão, errei em te criticar em uma carta a teu amigo. Nunca mais o farei. Quando achar necessário fazer-te uma observação, eu a farei diretamente a ti, e apenas em caso de absoluta necessidade. Dá-me, pois, a mão e não falemos mais disso. Temos muitos outros assuntos a tratar. Meu caro, tu estás, vos todos estais, em Lyon, cometendo um erro deplorável em relação aos negócios do negociante de seda. Enganam-vos de maneira indigna. Os negócios desse negociante são mais prósperos do que nunca e são, ao contrário, aqueles de seus concorrentes que perecem a olhos vistos. Portanto, não nos ocupemos mais de seda e falemos de vinhos.[1]

[1]Bakunin costumava se comunicar por códigos com outros revolucionários. Nesta carta, conforme coloca Max Nettlau, "negociante de seda" é provavelmente Bismarck ou o rei da Prússia e "vinhos" significaria "dinheiro". Em um dicionário feito por Richard e Bakunin em 1869, "seda" significava "armas", e "vinho", "tabaco". No entanto, não é certo que em 1870 esse mesmo dicionário estivesse sendo usado. Quando "vinho" significava "tabaco", provavelmente se pensava em contrabando. NETTLAU, Max. "Prologo". In: BAKUNIN, Mikhail. *Obras Completas, vol. 1*. Madrid: Piqueta, 1977, pp. 11-13. [N. do E. ]

# A REVOLUÇÃO SOCIAL NA FRANÇA

Mal tenho coragem de falar de nossos assuntos privados, de tanto que estou esmagado pelas infelicidades públicas. Bazaine derrotado, semianiquilado e encerrado entre os muros de Metz, e sem quaisquer comunicações com Paris porque um corpo prussiano ocupa a ferrovia entre Metz e Thionville, está reduzido a essa posição desesperada de dever, ou então se render vergonhosamente aos prussianos, por falta de provisões para alimentar seu exército tão fortemente dizimado, ou, então, empreender um movimento desesperado sobre a retaguarda dos prussianos, cercado como está por forças infinitamente superiores. Enquanto isso, o exército do príncipe herdeiro, fortalecido por novas tropas que lhe afluem pelas ferrovias alemãs e francesas, avança rumo a Châlons, que não poderá opor-lhe senão, no máximo, um exército de 100 a 120 homens ainda muito mal organizado. Esse exército fará, sem dúvida, esforços heroicos, mas acabará por ser derrotado, esmagado pela superioridade incontestável do número. Os prussianos marcharão sobre Paris e, se o *povo francês não se sublevar por inteiro, eles tomarão Paris.*

Tal é a verdade verdadeira, caro amigo, eu te juro sobre o que tenho de mais sagrado, sobre minha honra – eu te digo isso com o coração atormentado pelo mais profundo desespero, cheio de vergonha, de furor –, mas é a pura e completa verdade, e se vos dizem o contrário, e se ao menos buscam consolar-vos, se vos prometem que com as medidas que foram recém-adotadas em Paris salvarão Paris e a França, mentem-vos, enganam-vos da maneira mais indigna, pois Paris e a França só podem ser salvas por uma imensa sublevação popular. É preciso que, em toda a parte, o povo empunhe armas

# BAKUNIN

e organize-se a si mesmo para começar contra os invasores alemães uma guerra de destruição, uma guerra encarniçada. E é preciso que ele não deixe mais que lhe imponham chefes, ele próprio deve escolhê-los; estais rodeados de traidores, a Prússia está no governo e na administração. Sois vendidos sob todos os pontos. Lembrai-vos das palavras de Danton numa época e em meio a um perigo que seguramente não eram mais terríveis do que a época e o perigo atuais: "Antes de marchar contra o inimigo, é preciso destruí-lo, paralisá-lo atrás de si". É necessário pôr abaixo os prussianos do interior para poder marchar, em seguida, com confiança e segurança, contra os prussianos do exterior. O movimento patriótico de 1793 não é nada em comparação com aquele que deveis fazer agora se quiserdes salvar a França de uma escravidão de cinquenta anos, da miséria, da ruína, do aviltamento e do aniquilamento. Assim, erguei-vos todos, amigos, ao canto da Marselhesa, que torna a ser hoje o canto legítimo da França todo palpitante de atualidade, o canto da liberdade, o canto do povo, o canto da humanidade, pois a causa da França enfim voltou a ser aquela da humanidade. Fazendo patriotismo salvaremos a liberdade universal; desde que a sublevação do povo seja universal e sincera – e que ele seja conduzido não por traidores vendidos ou que desejam vender-se aos prussianos ou aos Orléans que vêm com eles, mas por chefes populares.

Só sob essa condição a França será salva. Não perdei, pois, um único minuto sequer; não esperai mais pelo sinal de Paris – Paris está enganada, paralisada pelo perigo que a ameaça e, sobretudo, mal dirigida. Sublevai-vos por vós próprios, empunhai armas, formai,

## A REVOLUÇÃO SOCIAL NA FRANÇA

organizai-vos, aniquilai os prussianos do interior para que não reste nem um sequer em vossa retaguarda, e ide à libertação de Paris.

Se em dez dias não houver na França sublevação popular, a França estará perdida. Ah! Se eu fosse jovem, não escreveria cartas, estaria entre vós.

E agora falemos de nossos vinhos. Caro amigo, malgrado o desastre público, penso que podemos conduzir esse caso a bom termo. É necessário bem organizá-lo, e de imediato. Só ele agora pode salvar-nos da ruína. E creio que as circunstâncias tão difíceis para nossa pátria são-lhe excessivamente favoráveis, desde que os homens a quem confiareis esse caso sejam homens inteligentes e seguros. Conseguiremos um pouco de dinheiro com a ajuda de nossos turcos, mas será pouca coisa. Entretanto, escrevo a Bernard e Augustin para que eles te enviem o mais rápido possível uma pequena soma. Mas é tão mesquinho, que isso quase não vale a pena falar; todas as nossas esperanças, tanto quanto as esperanças de nossos amigos italianos (para o começo) repousam agora sobre as primeiras somas consideráveis que podeis, que deveis conseguir agora pelos vinhos, malgrado e com a própria ajuda da agitação geral do país. Beppe [Fanelli] está neste momento em minha casa. Parte amanhã. Ele te abraça fraternalmente, e manda dizer-te que podes contar com ele. Não perderá um único instante, trabalhará noite e dia, e com boa esperança, desde que possamos emprestar-lhe o dinheiro necessário para o começo. [...]

Teu devotado Benoit

BAKUNIN

# [AOS INTERNACIONAIS DE LYON (ALBERT RICHARD)]
*Locarno, Suíça, 4 de setembro de 1870*

Estou surpreso com vosso otimismo. Eis uma correspondência oficial de Berlim:

"Rei da Prússia à rainha. Sedan, 2 de setembro, às 13 horas: o general Wimpfen, que substituiu o marechal Mac-Mahon, gravemente ferido, no comando do exército, assinou uma capitulação que nos entregou Sedan e constituiu todo o exército como prisioneiro de guerra. O imperador, que não exercia mais qualquer comando, rendeu-se a mim mesmo, depois de ter abandonado o governo à Regência de Paris. Determinarei sua residência após ter conversado com ele, em breve. Que acontecimentos, com a graça de Deus! Guilherme."

Eis uma outra correspondência oficial de Berlim:

"Santa Bárbara, 1º de setembro. Desde ontem pela manhã, durante todo o dia e toda a noite, Bazaine, com todo o seu exército, combateu-nos. Ele foi repelido com enormes perdas em toda parte. Os franceses lutaram com uma bravura desesperada, mas tiveram de ceder ao final, e fizemos com que recuassem a Metz."

Assim, a luta regular, oficial está acabada. Já não temos nem exército nem imperador. A luta popular começará, ou a França, descendo ao nível de 3ª potência, deverá sofrer o jugo dos prussianos. Não se deve mais contar com Paris. Há, ali, os Palikao, Chevreau, Piétri; a imperatriz e a direita; há, em segunda linha, os orléanistas Thiers e Trochu, e, em terceira linha, os republicanos radicais, Gambetta, o republicano *bem-*

# A REVOLUÇÃO SOCIAL NA FRANÇA

*-comportado, racional e positivista*, com os Jules Favre, Jules Simon, Keratry, Ferry, Pelletan e muitos outros semelhantes pela casaca. Esses senhores mostraram a medida de sua inteligência e de sua força – eles não têm colhões. Perderam criminalmente todo um mês do qual cada dia era precioso para a sublevação popular e para o armamento da França. O medo do socialismo, o horror pelas verdadeiras sublevações populares tornou-os impotentes e estúpidos. Por sinal, Paris, absorvida pelos cuidados de sua própria defesa, não poderá organizar a defesa nacional da França. O povo francês não deve mais contar com nenhum governo, nem existente, nem mesmo revolucionário. Se ele tiver cérebro, coração e colhões, só contará consigo próprio. A máquina governamental, o Estado, está quebrada. A França não pode mais ser salva senão por uma sublevação imediata, geral, anárquica de todas as populações das cidades tanto quanto do campo – anárquica no sentido que deve fazer--se e organizar-se fora de toda tutela e direção oficial e governamental, de baixo para cima, declarando em toda a parte ousadamente a decadência do Estado com todas as suas instituições e a abolição de todas as leis existentes, e só deixando em pé uma única lei, aquela da salvação da França contra os prussianos no exterior, contra os traidores no interior.

Apelo a todas as comunas: que se organizem e se armem, arrancando as armas daqueles que as detêm e agora as escondem!

Que elas enviem seus delegados para um lugar qualquer, fora de Paris, para formar o governo provisório, o governo de fato da salvação da França.

# BAKUNIN

É preciso que uma grande cidade provincial, Lyon ou Marselha, tome essa iniciativa. É necessário que os operários dessas cidades tenham a coragem de tomar essa iniciativa, sem dificuldade, sem hesitação e sem demora. Não devem titubear mais; a situação é assaz clara, tudo ao seu redor é deserto. A burguesia radical não tem cérebro nem colhões. A administração é bonapartista. Toda a salvação da França está, portanto, unicamente nas mãos dos operários, nesse povo das cidades que deve saber trazer consigo o povo do campo. Resta saber se os operários têm colhões. São eles socialistas revolucionários ou apenas socialistas doutrinários? São homens vivos ou capões como os burgueses? Que eles ousem, portanto, em nome da humanidade e da França: sua responsabilidade é imensa, pois os destinos da França e do socialismo europeu pesam sobre eles. A situação é clara, repito-o: se os operários de Lyon e de Marselha não se levantarem imediatamente, a França e o socialismo europeu estarão perdidos. A hesitação seria, pois, um crime. Estou à vossa disposição e aguardo vossa resposta imediata.

Benoit

## [A ALPHONSE ESQUIROS]
*Marselha, França, 20 de outubro de 1870*

Cidadão e senhor,
Eu tive a honra de endereçar-vos, por um de meus amigos de Marselha, uma brochura que publiquei sob o título: *Cartas a um francês sobre a crise atual*.

# A REVOLUÇÃO SOCIAL NA FRANÇA

Ela contém cartas escritas no mês de agosto, bem antes da capitulação de Sedan. Mas o editor, meu amigo, que as encurtou singularmente, para não dizer que as castrou, acreditando sem dúvida que ainda não era o momento para dizer toda a verdade, achou por bem também datá-las de setembro.

Estas cartas – endereçadas a um amigo, ao cidadão Gaspard Blanc de Lyon, um dos jovens mais devotados ao bem da França que encontrei, e que o sr. Challemel--Lacour, comissário extraordinário, mantém na prisão sob a acusação ridícula e odiosa de ser um agente dos prussianos – provar-vos-ão, espero, cidadão Esquiros, que eu também não sou nem amigo, nem partidário do rei da Prússia, nem de nenhum déspota do mundo. O sr. Challemel-Lacour e o sr. Andrieux, procurador da república em Lyon, ousaram levantar contra mim esta calúnia infame. Certo, não serei eu que me queixarei da vivacidade da polêmica entre partidos que se combatem. Aliás, não teria o direito de fazê-lo, pois eu também, quando e tanto quanto eu pude, mostrei--me impiedoso pelos interesses, pelos homens e pela organização política e social da qual esses senhores hoje aparecem como os defensores naturais, em detrimento do bem da França, e que em seu conjunto constituem a nefasta potencialidade atual da burguesia. Ataquei duramente os princípios e os, por assim dizer, direitos de meus adversários em política e em socialismo. Mas jamais atingi as pessoas, e sempre tive horror à calúnia.

É um meio tão cômodo, não é verdade, o de lançar hoje esse epíteto de prussianos a todos os homens que têm a infelicidade de não poder dividir um entusiasmo encomendado por esses falsos salvadores da França, cujas inércia, incapacidade e impotência enfatuada, em si mesmas, destroem a França.

Uma outra pessoa que não vós, cidadão Esquiros, teria podido me perguntar: em que isto vos pode interessar, a vós que sois estrangeiros? Ah! Senhor, é preciso que eu vos prove que a causa da França tornou-se a do mundo; que a derrota e a decadência da França serão a derrota e a decadência da liberdade, de tudo o que é humano no mundo? Que o triunfo definitivo da ideia e da força da Prússia, militares e burocráticas, nobiliárias e jesuiticamente protestantes, será a maior infelicidade que pode atingir toda a Europa. Se a Prússia vencer, isto acontecerá com a humanidade europeia pelo menos por cinquenta anos; para nós, velhos, só nos restará morrer. É lamentável! Eu deveria reconhecer que meu amigo, já falecido, Alexandre Herzen, teve razão, após as nefastas jornadas de junho de 1848 – jornadas durante as quais a burguesia de Paris e a da França erigiram o trono de Bonaparte sobre as ruínas das esperanças e de todas as aspirações legítimas do proletariado. Ele teve razão ao proclamar que a Europa ocidental dali em diante estava morta, e que para a renovação, para a continuação da história, só restavam duas fontes: a América, de um lado, e, do outro, a barbárie oriental.

Advogado, não de vosso mundo burguês oficial, mundo que eu detesto e que desprezo de todo meu coração, mas da revolução ocidental, eu sempre defendi esta revolução contra ele. Após ter sido um dos ardentes adeptos desta revolução, ele não acreditava mais, de forma alguma. Eu continuava a acreditar nela, apesar

# A REVOLUÇÃO SOCIAL NA FRANÇA

da catástrofe, apesar do crime cometido pela burguesia em junho. Ele dizia que a Europa ocidental estava, a partir dali, petrificada e podre, que ela tinha se tornado temerosa e covarde, sem fé, sem paixão, sem energia criadora, como outrora o Baixo-Império. Eu concordei com ele em relação à vossa civilização burguesa, mas lhe objetei que na Europa ocidental, abaixo da burguesia, havia um mundo bárbaro *sui generis*: o proletariado das cidades e os camponeses que, não tendo abusado e nem mesmo usado da vida, não tendo sido depravados nem sofisticados por esta civilização caduca, mas, ao contrário, continuando a ser moralizados sempre por um trabalho que, por mais oprimido e por mais escravo que seja, não é menos, por isso, uma fonte viva de inteligência e força, ainda estão cheios de futuro; e que, por consequência, não havia necessidade de uma invasão da barbárie oriental para renovar o ocidente da Europa, tendo o ocidente em suas regiões subterrâneas uma barbárie própria que a renovaria no devido momento.

Herzen não acreditava em nada disso, e foi morto por seu ceticismo, muito mais do que por sua doença. Eu, ao contrário, estava cheio de fé; fui socialista revolucionário não somente na teoria, mas na prática; quer dizer que eu tive fé na realização da teoria socialista, e foi por causa disso mesmo que sobrevivi a ele. Eu fui e sou socialista, não somente porque o socialismo é a liberdade real, é a igualdade real, é a fraternidade real, e é a justiça humana e universal – mas ainda por uma consideração de fisiologia social.

Eu sou socialista porque cheguei à conclusão de que

# BAKUNIN

todas as classes que constituíram, até aqui, por assim dizer, as grandes personagens, agentes e vivas, da tragédia histórica, estão mortas. A nobreza está morta; a burguesia está morta e podre. Ela prova isso muito bem atualmente. O que resta? Os camponeses e o proletariado das cidades. Somente eles podem salvar a Europa da burocracia e do militarismo prussianos, estes dois aliados e primos do cnute de meu caro imperador de todas as Rússias.

O que eu vejo hoje na França mergulha-me num estado próximo ao desespero. Eu começo a temer, com Herzen, que os camponeses e o proletariado, na França, na Europa, também estejam mortos. E então? Então a França está perdida, a Europa está perdida.

Mas, não! Durante minha curta presença em Lyon e nas cercanias de Marselha, eu vi, eu senti que o povo não estava morto. Ele possui todos os grandes instintos e todas as poderosas energias de um grande povo; o que lhe falta é a organização e a justa direção; não esta direção e esta organização que lhe caem de cima, pela autoridade do Estado, seja recomendada por Sua Majestade imperial, Napoleão III, seja por Sua Majestade republicana, o senhor Gambetta; mas esta organização e esta direção que se formam a partir de baixo, e que são a própria expressão da vida e da ação populares.

É evidente, cidadão Esquiros, que para endereçar-vos semelhante carta, é preciso que eu tenha grande fé em vós. E sabeis por que tenho esta fé? Jamais tive a honra de encontrar-vos, mas li vossos escritos e conheço vossa vida. Sei que jamais temestes ser um revolucionário consequente, que nunca vos desmentistes, e que

A REVOLUÇÃO SOCIAL NA FRANÇA

jamais sacrificastes a causa do povo por considerações de classe, partido ou por vaidades pessoais. Enfim, senhor, fostes o único a propor, nesse infeliz corpo legislativo, após os desastres que destruíram o exército francês, e, permiti que eu vos diga, no meio da covardia e da estupidez manifestada por todos os *vossos* colegas da esquerda – os mesmos que hoje formam o governo da Defesa Nacional – o único meio que restava para salvar a França: o de provocar, por uma proclamação feita em nome do corpo legislativo, a organização espontânea de todas as comunas da França, fora de qualquer tutela administrativa e governamental do Estado. Vós quereis proclamar, numa palavra, a liquidação, ou mesmo a simples constatação da ruína total e da não existência do Estado. Vós teríeis colocado a França, por esta iniciativa mesmo, em estado de revolução.

Eu sempre compreendi, e a esta hora deve ter se tornado evidente para todo mundo, que fora deste remédio heroico não pode haver salvação para a França. Os advogados que compõem *vosso* governo atual pensaram de outra forma. Privados de todos os meios que constituem a força de um Estado, eles quiseram – pobres inocentes! – brincar de governo do Estado. Com este jogo eles paralisaram toda a França. Eles lhe proibiram o movimento e a ação espontânea sob o pretexto ridículo, e, dadas as circunstâncias presentes, criminoso, de que eles, os únicos representantes do Estado, devem ter o monopólio do pensamento, do movimento, da ação. Obsedados pelo temor de ver o Estado desmoronar e desmanchar-se em suas mãos, eles guardaram, para conservá-lo, toda a antiga administração bonapartista, militar, judiciária, comunal e civil; e forçaram sua confiança imbecil neles próprios, sua criminosa fatuidade pessoal, até o ponto de acreditar que, a partir do momento que estivessem no poder, os próprios bonapartistas, essas pessoas ligadas irrevogavelmente ao passado pela solidariedade do crime, transformar-se-iam em patriotas e republicanos. Para paliar este erro, e para corrigir suas funestas consequências, eles enviaram, a todos os lugares, comissários extraordinários, prefeitos, subprefeitos, advogados gerais e procuradores da república, pálidos republicanos, bastardos de Danton, como eles. E todos estes pequenos advogados, todos estes arrogantes de luvas do republicanismo burguês, o que fizeram? Fizeram a única coisa que poderiam ter feito: aliaram-se em todos os lugares à reação burguesa contra o povo; matando o movimento e a ação espontânea do povo, mataram toda a França. Agora a ilusão não é mais possível. Já faz 46 dias que a República existe: o que fizeram para salvar a França? Nada – e o prussiano continua a avançar.

Tal foi o pensamento, cidadão, e tais foram os sentimentos que presidiram a formação do Comitê da Salvação da França, em Lyon, que ditaram sua proclamação, que levaram meus amigos a fazerem essa tentativa de 28 de setembro que fracassou, não temo dizê-lo, para a infelicidade da França.

Vários dentre meus amigos, em cartas que endereçaram ao *Progrès* de Lyon, tiveram a fraqueza de negar o objetivo real desta manifestação fracassada. Eles erraram. Em tempos como o atual, no meio do qual vivemos, deve-se ter, mais do que em qualquer outra época, a coragem de dizer a verdade.

O objetivo era o seguinte: nós queríamos derrubar a municipalidade de Lyon, municipalidade evidentemente reacionária, mas ainda mais incapaz e estúpida do que reacionária, que paralisava e continua a paralisar qualquer organização real da defesa nacional em Lyon; derrubar, ao mesmo tempo, todos os poderes oficiais, destruir todos os restos desta administração imperial que continua a pesar sobre o povo, neutralizar Suas Majestades, os reis de Yvetot,[2] que pensam reinar e fazer alguma coisa de bom em Tours; e convocar a Convenção Nacional da Salvação da França. Numa palavra, nós queríamos realizar em Lyon o que vós próprio, cidadão Esquiros, tentastes fazer através de vossa Liga do Midi,[3] liga que certamente teria sublevado o Midi e organizado sua defesa, se ela não tivesse sido paralisada por esses reis de Yvetot.

Ah, senhor, os advogados do governo da Defesa Nacional são criminosos! Eles matam a França. E, se os deixarmos fazer, eles a entregarão definitivamente aos prussianos!

É tempo que eu termine esta carta, já muito longa.

[2] Yvetot, região da França (Seine-Maritime) [N. do T. ]
[3] Midi, região do sul da França. [N. do T. ]

# PROGRAMA PARA UM
# PROJETO DE REVISTA

[A PETR LAVROV]
*Genebra, Suíça, 15 de julho de 1870*

Muito estimado Petr Lavrovitch,

Após um longo silêncio, é-me enfim possível responder concretamente às vossas questões concretas. A carta que me escrevestes encontrou nosso pequeno grupo numa crise passageira. Antes que eu pudesse responder-vos, tínhamos necessidade de definir e esclarecer muitas coisas e, ao mesmo tempo, livrarmo-nos de outras.

Eu posso hoje vos dar certeza de que rompemos definitivamente todas as nossas relações com o sr. Netchaiev; de agora em diante, ele não terá mais nada a ver, nem direta, nem indiretamente, com tudo aquilo que nós pudermos empreender. Nosso amigo em comum, Sazin, portador desta carta, explicar-vos-á as razões dessa ruptura.

Ele vos dirá, dando todos os detalhes necessários, sobre que bases e com quais esperanças, sob que formas e com qual programa, Ogarev e eu pensamos publicar uma revista mensal, a qual terá, em cada número, quatro folhas, e que não lançaremos antes de termos juntado uma quantia para pagar pelo menos os seis primeiros números.

Nosso programa será socialista revolucionário e,

## PROGRAMA PARA UM PROJETO DE REVISTA

tanto quanto seja possível, vivo, mas ponderado e moderado na forma, ainda que enérgico e rigorosamente lógico em seu conteúdo. As grandes palavras, as frases ruidosas e, em geral, o tom declamatório serão banidos da revista. Eis os principais pontos de nosso programa:

1. O ateísmo. A negação de toda religião e de todas as crenças, as quais serão substituídas pelo saber positivo e pela ciência viva, fundada na razão e isenta de todo caráter doutrinário.

2. A negação do estatismo sob todas as suas formas e em todas suas manifestações, assim como a negação do direito codificado de propriedade e do direito familiar e sua substituição, de baixo para cima, por uma regularização social e internacional por intermédio de uma livre federação das artérias econômicas, das comunas, dos cantões, dos distritos, das regiões e dos países, fundada no trabalho e na propriedade coletivos; substituição do direito jurídico pelo direito humano de todos e de cada um à vida e ao pleno desenvolvimento humano.

3. De acordo com estes princípios, guerra implacável ao individualismo burguês, quer dizer, aos privilégios, mas ao mesmo tempo ao comunismo autoritário, ditatorial e estatal de Marx e de toda a escola alemã; guerra ao coletivismo organizado de cima para baixo por qualquer comitê revolucionário ou poder central oficial. Ao contrário, aceitação do desenvolvimento autônomo e da organização das massas operárias por elas próprias, sob o efeito da ciência, tornada cada vez mais acessível ao povo, e da propaganda viva, teórica e prática, pelos círculos revolucionários clandestinos, unidos uns aos outros por uma única e mesma ideia,

por um único e mesmo objetivo, e disseminados tanto quanto possível em todos os países.

4. A nacionalidade, com todas as suas diferenças etnográficas, econômicas, históricas e culturais, suas características e seus traços particulares constitui, para nós, não um direito ou um princípio, mas um fato histórico natural que não se pode abstrair e que é preciso levar em conta se se quiser agir de modo prático e não abstrato. Reconhecendo que as tarefas da revolução social são, em todos os lugares, as mesmas, a saber: a humanização da sociedade, da nação, dos indivíduos, estamos ao mesmo tempo convencidos de que a solução deste problema nos diferentes grupos nacionais revestirá as formas mais diversas, sendo estes grupos o produto não de um ideal inventado inteiramente, ou importado do estrangeiro por indivíduos ou por círculos, mas da situação particular, da mentalidade e da evolução histórica de cada grupo.

5. Por exemplo, acreditamos que na Rússia e em alguns outros países, eslavos ou não (Hungria, Itália meridional, Espanha), não [palavra ilegível] entregues à influência da civilização urbana e manufatureira do ocidente, o socialismo dos campos sobrepujará o socialismo das cidades.

6. Reconhecemos, com a escola de Comte, que não se pode ir contra os fatos e as situações nacionais engendradas pela história; que esses fatos e essas situações estão submetidos à sua própria e inflexível lógica, mais forte do que os indivíduos e os grupos. Mas reconhecemos, ao mesmo tempo, o direito à propaganda revolucionária e a utilidade desta propaganda, assim como o

# PROGRAMA PARA UM PROJETO DE REVISTA

direito à ação revolucionária secretamente organizada dos indivíduos e dos círculos, tomando por base que estes últimos não caíram do céu, mas fazem parte da mesma realidade; eles são modelados por ela e, à sua maneira, ainda que sob uma forma reduzida, exprimem esta realidade, sob a condição, evidentemente, de que círculos e indivíduos estudem atentamente, escrupulosamente e *sem se dar a mínima ilusão*, a realidade sobre a qual querem agir.

7. Encaramos o Estado, em sua atual fase de evolução, como um produto esclerosado e inorgânico do processo vital dos povos e como uma engrenagem à parte do organismo vivo deles. A força do Estado, sendo hoje uma força pura e exclusivamente mecânica, diretamente antipopular, cujos únicos pilares são a polícia e o exército, faremos concentrar todos os esforços dos indivíduos e dos círculos revolucionários na abolição do Estado pela organização da força espontânea do povo.

8. Assim, também, coloquemos a abolição do Império da Rússia como condição primeira de todo progresso real deste país.

Eis, em seus traços essenciais, o nosso programa. Na prática, estamos certamente em desacordo. Vós não me escrevestes dizendo que acreditáveis ainda nas reformas governamentais positivas? Quanto a nós, pensamos que o governo, e de uma maneira geral o Estado, só poderia fazer uma única coisa útil: pôr fim à sua existência; e estamos bem decididos a orientar nossa propaganda neste sentido. Mas se estamos em desacordo na prática, não há nenhuma dúvida de que, no plano teórico, nossas divergências são mínimas ou nulas; e partindo desta

BAKUNIN

convicção, eu faço, em nome de meus amigos, um apelo, muito estimado Petr Lavrovitch, à vossa colaboração. Vosso nome, venerado na Rússia, daria um enorme peso à nossa revista. Mas é pouco provável que vós nos autorizais a utilizá-lo. E, por sinal, nós sequer ousaríamos pedi-lo; mas ficaríamos profundamente agradecidos se, de vez em quando, vós aceitásseis nos enviar artigos teóricos, por exemplo, sobre a religião, a metafísica, o bom Deus, ou contra o idealismo e pelo materialismo racional, assim como sobre a condição e o desenvolvimento econômicos dos povos, russos ou não, do Império da Rússia. Se tal é o vosso desejo, vosso nome e vossa colaboração em nossa revista serão mantidos secretos, conhecidos somente por um pequeno número de pessoas sérias que constituem nosso círculo.

Tal é o lado teórico de nosso empreendimento. Não preciso dizer que podeis ter confiança, no plano prático, em meus amigos e em mim mesmo. Eu não ignoro que certas coisas que vos tenha podido contar o sr. Lopatin podem ter suscitado em vós mais desconfiança do que confiança. Deixo a Sazin o cuidado de dissipar os equívocos de juízo que possam ter ancorado em vosso íntimo.

Eu concluo esta carta assegurando-vos, sinceramente, que tudo o que sei de vós fez nascer em mim uma viva simpatia e um profundo respeito por vossa pessoa; que vossa colaboração em nossa revista seria para nós preciosa e que eu ficaria feliz se o destino quisesse que eu vos encontrasse.

# MARX E A INTERNACIONAL

[119]

## [AOS INTERNACIONAIS DE BOLONHA]
*Dezembro de 1871*

A guerra acaba de ser declarada ao Conselho Geral. Mas não vos assustais, caros amigos; a existência, a potência e a unidade real da Internacional não sofrerão, porque sua unidade não está em cima, não está num dogma teórico uniforme imposto à massa do proletariado, tampouco num governo mais ou menos ditador como aquele que o congresso dos operários mazzinianos acabam de instituir em Roma; *ela está em baixo: na identidade da situação material dos sofrimentos, das necessidades e das aspirações do proletariado de todos os países*; a potência da Internacional não reside em Londres, *ela está na livre federação das seções operárias autônomas de todos os países* e na organização, de baixo para cima, da solidariedade prática entre elas. Eis os princípios que hoje defendemos contra as usurpações e contra as veleidades ditatoriais de Londres que, se pudessem triunfar, decerto matariam a Internacional.

Um Conselho Geral da Internacional, esteja sediado em Londres ou em outro lugar, só é suportável, possível, na medida em que é revestido apenas de atributos modestos de um *bureau* central de correspondência. É também aproximadamente o único papel que lhe atribuem nossos estatutos gerais. Mas tão logo queira se

MARX E A INTERNACIONAL

tornar um governo real, torna-se necessariamente uma monstruosidade, uma absoluta impossibilidade. Imaginem um tipo de monarca universal, coletivo, impondo sua lei, seu pensamento, seu movimento, sua vida aos proletários de todos os países, reduzidos ao estado de miséria! Mas seria uma paródia ridícula do sonho ambicioso dos Césares, dos Carlos V, dos Napoleão, sob a forma de uma ditadura universal, socialista e republicana. Seria um golpe de misericórdia dado na vida espontânea de todas as outras seções, a morte da Internacional.

Estes doutrinários e estes autoritários, Mazzini tanto quanto Marx, confundem sempre a uniformidade com a unidade, a unidade formal dogmática e governamental com a unidade viva e real, que só pode resultar do mais livre desenvolvimento de todas as individualidades, de todas as coletividades e da aliança federativa e absolutamente livre, na base de seus próprios interesses e de suas próprias necessidades, das associações operárias nas comunas, e, para além das comunas, comunas nas regiões, regiões nas nações, e nações na grande e fraternal união internacional, humana, organizada federativamente somente pela liberdade com base no trabalho solidário de todos e da mais completa igualdade econômica e social.

Eis o programa, o verdadeiro programa da Internacional, que nós opomos ao novo programa ditatorial de Londres. Nós, quer dizer, a confederação das seções do Jura, à qual eu pertenço. Nós não somos os únicos: a imensa maioria, pode-se quase dizer todos os internacionais franceses, espanhóis, belgas, e italianos também,

# BAKUNIN

espero – já temos a adesão de várias seções italianas e, não duvidamos, da vossa seção –, em resumo, todo o mundo latino está conosco. Os operários ingleses e americanos têm muito acentuado o sentimento de sua independência e o hábito da ação e da vida espontânea para preocupar-se ou para levar em consideração as pretensões bismarckianas do Conselho Geral, que nem sequer ousa anunciá-las. Há somente o mundo propriamente tudesco que se submete a ele com esta paixão da disciplina ou da servidão voluntária que hoje o distingue. O pensamento que acaba de prevalecer, infelizmente, no seio do Conselho Geral, é um pensamento exclusivamente alemão. Representado sobretudo por Marx – um judeu alemão, um homem muito inteligente, muito culto, socialista convencido e que prestou grandes serviços à Internacional, mas ao mesmo tempo muito vaidoso, muito ambicioso, intrigante como um verdadeiro judeu que é – este pensamento, representado por Marx, o chefe dos comunistas autoritários da Alemanha, por seu amigo Engels, um homem muito inteligente também, o secretário do Conselho Geral para a Itália e para a Espanha, e por outros membros alemães do Conselho Geral, menos inteligentes, mas não menos intrigantes e não menos fanaticamente devotados a seu ditador-messias, Marx – este pensamento lhes é inspirado por um sentimento de raça. É o pangermanismo que, aproveitando-se dos triunfos recentes do absolutismo militar da Prússia, é o pensamento onidevorador e oniabsorvente de Bismarck, o pensamento do Estado pangermânico, submetendo mais ou menos toda a Europa à dominação da raça alemã, que eles acreditam

# MARX E A INTERNACIONAL

ter sido chamada a regenerar o mundo – é este pensamento liberticida e mortal para a raça latina e para a raça eslava que hoje se esforça a apoderar-se da direção absoluta da Internacional. A esta pretensão monstruosa do pangermanismo, devemos opor a aliança da raça latina e da raça eslava – não com este império monstruoso de todas as Rússias, que nada mais é do que um tipo de império alemão que se impõe às populações eslavas pelo cnute tártaro; não com esta outra monstruosidade que se chama pan-eslavismo e que não seria outra coisa senão o triunfo e a dominação deste cnute na Europa – não; a aliança da revolução econômica e social dos latinos com a revolução econômica e social dos eslavos, revolução que, fundada na emancipação econômica das massas populares e que, tomando por base de sua organização a autonomia das associações operárias, das comunas, das regiões e das nações, livremente federadas, fundará um mundo internacional novo sobre as ruínas de todos os Estados – um mundo que, tendo por base material a igualdade, por alma a liberdade, por objeto de ação o trabalho, e por espírito unicamente a ciência, será o triunfo da humanidade.

Esta aliança latino-eslava não fará absolutamente a guerra ao proletariado da Alemanha, hoje infelizmente enganado por seus chefes. Regra geral: nunca são as massas populares que criam a vaidade e a ambição nacional, são sempre seus chefes que as exploram e que têm naturalmente um grande interesse em estender os limites do mundo submetido à sua exploração lucrativa. Assim, longe de fazer-lhe guerra, a aliança latino--eslava procurará, ao contrário, reforçar e multiplicar os elos da mais estreita solidariedade com o proletariado da Alemanha, cuidando de fazer penetrar em seu seio, por uma propaganda ardente e infatigável, este princípio, esta paixão da liberdade que, derrubando todo o aparato artificial do novo despotismo que seus chefes atuais gostariam de construir sobre seus ombros, há muito habituados à servidão, somente poderá dar-lhe e assegurar-lhe o que ele procura e o que quer tão apaixonadamente quanto o proletariado de todos os outros países: uma existência humana.

Retorno ao Conselho Geral de Londres. Suas pretensões atuais são tanto mais ridículas e absurdas porque sua composição e sua constituição, completamente irregulares e provisórias, deveriam ter-lhe imposto sentimentos muito mais modestos. Compreender-se-ia, ainda que ele se arrogasse o direito – sempre iníquo e liberticida segundo minha opinião, exceto em caso de guerra – de impor suas leis a todos os grupos nacionais da Internacional se ele realmente fosse o representante destes grupos. Mas teria sido preciso que ele fosse composto de delegados nomeados e renovados pela eleição anual ou bianual destes grupos. Seria necessário que cada país fosse nele representado por dois delegados, pelo menos, especialmente eleitos pelo Congresso Nacional de todas as suas seções. Teria sido preciso, então, que cada grupo nacional fizesse uma despesa anual de quatro a seis mil francos, pagando a cada um de seus delegados gastos de correspondência inclusive, de dois a três mil francos por ano, pois a vida em Londres é mais cara do que em qualquer outro lugar. Em parte por causa desta consideração, mas em grande parte tam-

MARX E A INTERNACIONAL

bém pela pouca importância que, desde o início, deu-se à missão e ao papel tão modesto que lhe eram determinados pelos estatutos gerais; criaram este resultado que a partir do primeiro Congresso da Internacional em Genebra (1866), do Congresso de Lausanne (1867), do de Bruxelas (1868) e do último Congresso da Basileia (1869), enfim, acharam mais cômodo deixar continuar provisória a existência do mesmo Conselho Geral, dando-lhe o direito de acrescentar novos membros ao invés de renová-lo todos os anos. Assim, com poucas exceções, desde que a Internacional existe, é sempre o mesmo Conselho Geral, este mesmo que, antes do Congresso de Genebra chamava-se Conselho Geral ou Comitê Central provisório, e que só tomou o título definitivo de Conselho Geral após a votação deste congresso. Ele é, em sua imensa maioria, composto de alemães e de ingleses. Todas as outras nações estão nele pobremente representadas, algumas vezes por seus delegados nacionais que, residindo em Londres, têm a felicidade de agradar Marx e cia. e, algumas vezes, à sua revelia, por indivíduos de uma seção diferente e, na maioria das vezes, por alemães. Assim é que hoje, mesmo a Itália e a Espanha estão representadas no Conselho por Engels, um alemão, a América, por Eccarius, alemão; a Rússia, por Marx, judeu alemão, o que é simplesmente ridículo. Para representar a França, desdenhando um Bergeret por exemplo, que redige o *Qui Vive!* em Londres, e tantos outros representantes enérgicos, devotados e inteligentes da Comuna, e antigos membros da Internacional francesa, eles escolheram Serraillier, uma nulidade que nem sequer tinha feito parte da Internacional até então;

# BAKUNIN

e isto pela simples razão que todos os franceses sérios, orgulhosos de sua dignidade e de sua independência, não quiseram, não puderam submeter-se a Marx, enquanto que Serraillier, desejoso de tornar-se, ou melhor, de parecer alguma coisa, diante de seus compatriotas mais sérios, subordinou-se voluntariamente à ditadura do judeu alemão.

Na realidade, é a camarilha alemã que domina e faz tudo no Conselho Geral. Seus membros ingleses, como verdadeiros insulares e ingleses que são, ignoram o continente, só se preocupam exclusivamente com a organização das massas operárias em seu próprio país. Tudo o que se fazia no Conselho Geral era unicamente feito pelos alemães sob a direção exclusiva de Marx.

Por sinal, até setembro de 1871, a ação do Conselho Geral, do ponto de vista propriamente internacional, foi totalmente nula, de tal forma nula que jamais cumpriu com as obrigações que os congressos tinham, um de cada vez, imposto, como, por exemplo, as circulares que ele devia publicar todos os meses sobre a situação geral da Internacional, e que jamais publicou. Em relação a este fato, houve muitas razões. Inicialmente, o Conselho Geral sempre foi muito pobre. Nós que conhecemos bem o estado das finanças da Internacional, rimos e continuamos a rir quando lemos, nos jornais oficiais e oficiosos de diferentes países, as fábulas sobre as somas imensas que Londres envia para todos os lugares para fomentar a revolução. O fato é que o Conselho Geral sempre se encontrou numa posição financeira excessivamente miserável. Não deveria ser assim se todas as seções que se encontram estabelecidas sob a bandeira

# MARX E A INTERNACIONAL

da Internacional, em todos os países, tivessem-lhe regularmente enviado os dez centavos por membro previstos pelos estatutos. A maioria das seções não o fez, até aqui.

A segunda causa da inação do Conselho Geral foi a seguinte: não havia a mínima possibilidade, até 1871, para o estabelecimento da dominação alemã. As seções francesas e belgas e, em parte, as da Suíça românica que dominavam nos congressos eram muito orgulhosas, muito ciumentas de sua independência para submeter--se à ditadura de uma seita alemã. Os delegados das sociedades operárias da Alemanha e da Suíça alemã só começaram a tomar parte nas discussões dos congressos da Internacional depois de 1869. Apresentaram-se pela primeira vez, em número considerável, no último Congresso da Basileia (setembro de 1869), após terem se constituído previamente em partido da democracia socialista pangermânica, sob a inspiração direta e sob a direção indireta de Marx que, residindo em Londres, fazia-se e faz-se representar ainda no seio do proletariado, tanto da Alemanha propriamente dita, quanto da Áustria, principalmente por seu discípulo, judeu como ele, Liebknecht, e por muitos outros partidários fanáticos, em sua maioria judeus também.

Os judeus constituem hoje na Alemanha uma verdadeira força. Ele próprio judeu, Marx tem em torno de si, tanto em Londres quanto na França, e em muitos outros países, mas sobretudo na Alemanha, uma multidão de pequenos judeus, mais ou menos inteligentes e instruídos, vivendo principalmente de sua inteligência e revendendo suas ideias a retalho. Reservando para si próprio o monopólio da grande política, ia dizendo, da

# BAKUNIN

grande intriga, ele abandona-lhes de bom grado o lado | 127
pequeno, sujo, miserável, e, é preciso dizer que, sob esse
aspecto, sempre obedientes ao seu impulso, à sua ele-
vada direção, prestam-lhe grandes serviços: inquietos,
nervosos, curiosos, indiscretos, tagarelas, agitados, intrigantes, exploradores, como o são os judeus em todos os
lugares, agentes de comércio, acadêmicos, políticos, jor-
nalistas, em resumo, corretores de literatura, ao mesmo
tempo que corretores de finanças, eles apoderam-se de
toda a imprensa da Alemanha, a começar pelos jornais
monarquistas mais absolutistas até os jornais absolutistas radicais e socialistas, e desde muito tempo reinam
no mundo do dinheiro e das grandes especulações fi-
nanceiras e comerciais: tendo, assim, um pé no banco,
acabam de colocar nestes últimos anos o outro pé no
socialismo, apoiando, assim, seu posterior sobre a literatura cotidiana da Alemanha... Vós podeis imaginar
que literatura nauseabunda isto deve fazer.

Bem, todo esse mundo judeu que forma uma única
seita exploradora, um tipo de povo sanguessuga, um pa-
rasita coletivo devorador e organizado nele próprio, não
somente através das fronteiras dos Estados, mas através,
inclusive, de todas as diferenças de opiniões políticas,
este mundo está atualmente, em grande parte pelo menos, à disposição de Marx de um lado, e dos Rothschild
do outro. Eu sei que os Rothschild, reacionários que
são, que devem ser, apreciam muito os méritos do comunista Marx; e que, por sua vez, o comunista Marx
se sente invencivelmente arrastado, por uma atração
instintiva e uma admiração respeitosa, em direção ao
gênio financista dos Rothschild. A solidariedade judia,

# MARX E A INTERNACIONAL

esta solidariedade tão poderosa que se manteve através de toda a história, os une.

Isto deve parecer estranho. O que pode haver de comum entre o socialismo e o grande banco? É que o socialismo autoritário, o comunismo de Marx quer a poderosa centralização do Estado, e, lá onde há centralização do Estado, deve haver necessariamente um Banco Central do Estado, e, lá onde existe tal banco, os judeus estão sempre seguros de não morrer de frio ou de fome. Ora, a ideia fundamental do partido da democracia socialista alemã é a criação de um imenso Estado pangermânico e, por assim dizer, popular, republicano e socialista – de um Estado que deve englobar toda a Áustria, os eslavos, a Holanda, uma parte da Bélgica, uma parte da Suíça pelo menos, e toda a Escandinávia. Uma vez que tivesse englobado tudo isso, natural e necessariamente ele acabaria por englobar todo o resto. A influência desmoralizante deste partido fez-se sentir há um ano na Áustria e se faz sentir agora na Suíça.

Em 1868, ocorreu no proletariado da Áustria um movimento espontâneo magnífico. Em suas assembleias populares, os operários de Viena e de muitas outras grandes cidades da Áustria tinham proclamado em voz alta que, compostos de raças diferentes, alemães, eslavos, magiares, italianos, eles não queriam nem podiam içar em comum nenhuma bandeira nacional, deixando a cada país o desenvolvimento absolutamente livre de sua nacionalidade particular, tão sagrada quanto o direito natural que é a própria individualidade de cada homem. Mas, em comum, eles só queriam içar a bandeira da emancipação dos trabalhadores, a bandeira da revolução social, a bandeira da fraternidade humana que deveria tremular sobre as ruínas de todas as pátrias *políticas*, quer dizer, das pátrias constituídas em Estados que se denominam nacionais, separados vaidosamente, ciumentamente, ambiciosamente, hostilmente, e para tudo dizer, em resumo, *burguesamente*, um do outro (todo Estado nada mais sendo do que uma exploração organizada do proletariado em favor da burguesia), e a pátria *política* jamais sendo a pátria das massas populares, mas sempre as das classes exploradoras e privilegiadas. A pátria do povo é natural, não artificial, e tem como base principal, real, a comuna. Eis por que Mazzini, que é um teólogo e um burguês, atacou com tanta obstinação o programa da Comuna de Paris, e eis por que o general Garibaldi, cujo grande coração bate uníssono com o coração do povo, e que possui a intuição dos grandes instintos e dos grandes fatos populares, declarou-se a favor da Comuna de Paris e pela Internacional, contra Mazzini.

Em consequência, numa imensa assembleia popular, os operários de Viena haviam recusado solene e unanimemente todas as proposições pangermânicas e patrióticas dos democratas burgueses da Alemanha e votaram uma mensagem de fraternidade, de aliança íntima com todos os trabalhadores revolucionários socialistas da Europa e do mundo. Eles adivinharam, por instinto, todo o programa da Internacional.

Mas, desde o outono de 1868, os chefes, os propagadores e os agitadores, em grande parte judeus, do partido da democracia socialista, que tinha acabado de se formar, sempre sob a inspiração de Marx, no norte da Alemanha, começaram a conquistar para seu lado os judeus da Áustria, e, juntos, puseram-se a magnetizar, a fazer sermão, a enganar os operários alemães de Viena, reunidos novamente numa grande assembleia popular e já organizados segundo o programa e sob a direção dos chefes do partido da democracia socialista, traduzindo, dali por diante, sob inspiração exclusivamente tudesca, o cosmopolitismo no sentido do pangermanismo, declaram-se partidários da grande pátria alemã, quer dizer, do Estado pangermânico, que se diz popular, do qual eles esperam estupidamente a emancipação do proletariado; como se um grande Estado pudesse ter outra missão senão a de subjugar o proletariado.

Examinaremos esta questão numa próxima oportunidade, caros amigos. Enquanto se espera, vós compreendereis que esta nova resolução teve como consequência natural alijar do movimento do proletariado todos os operários não alemães da Áustria.

Na Suíça, vemos hoje, sempre sob a influência direta e em nome dos princípios deste mesmo programa da democracia socialista tudesca, todos os operários dos cantões alemães, em Zurique e na Basileia sobretudo, mas também em Argóvia e em Berna, a reivindicação de quê? Da abolição do sistema federal e da transformação da federação suíça, garantia da liberdade suíça, numa centralização única do Estado. Sabeis o que isso significa? É o começo da absorção, da conquista da Suíça, a alemã pelo menos, pela Alemanha; mas não somente da Suíça alemã, de toda a Suíça, pois as reformas que se preparam e que se discutem agora, se elas passarem, terão inicialmente por efeito inevitável subordinar

# BAKUNIN

absolutamente as Suíças italiana e românica à direção, ao governo, e à administração exclusiva dos Suíços alemães, e mais tarde, por estes últimos, subordinar os prussianos – e tudo isso pelo maior triunfo de todos os judeus da Alemanha e da Suíça que engordarão nessas manipulações...

Tal é o espírito do programa que os delegados do partido da democracia socialista da Alemanha, da Áustria e da Suíça alemã, desembarcados em grande número no Congresso da Basileia, em setembro de 1869, tentaram fazer prevalecer neste congresso, com o apoio unânime de todos os delegados do Conselho Geral de Londres, alemães e ingleses, escolhidos com cuidado pelo próprio Marx, e todos, naturalmente, seus partidários fanáticos.

Evidentemente que se tratava de um golpe montado. Todavia, ele fracassou diante da oposição unânime dos delegados franceses, belgas, suíços românicos, italianos e espanhóis. Foi um completo fiasco. Todas as proposições, tendendo a colocar o movimento socialista e revolucionário do proletariado da Europa a reboque do radicalismo burguês e do comunismo judeu-pangermânico dos alemães, foram rejeitadas. *Inde irae.*[1]

Desde então, os congressos gerais, essas verdadeiras tribunas do proletariado do mundo civilizado, foram condenados no espírito dos mentores – quer dizer, dos alemães do Conselho Geral de Londres –, no espírito de Marx e de seus discípulos.

Até 1869, o papel do Conselho Geral na Internacional, tal como foi determinado por nossos estatutos

---

[1]Daí, as iras. [N. do E. ]

MARX E A INTERNACIONAL

gerais e pelas sessões dos congressos de Genebra, de Lausanne e de Bruxelas, foi muito restringido; ele tinha apenas a missão muito modesta de não ser nada mais do que um *bureau central de correspondência e de comunicações* entre os grupos nacionais dos diferentes países – e sobretudo entre os três grupos regionais: anglo-americano, alemão e latino, que tinham, naturalmente, pouca comunicação entre si. Por sinal, ele não possuía nenhuma missão legislativa, nem mesmo governamental, o que quer que diga Mazzini disso. O poder legislativo, se havia poder, residia unicamente nos congressos. E mesmo as resoluções dos congressos, ainda que respeitadas como sendo a expressão dos desejos da maioria, não eram consideradas obrigatórias, com a base real da Associação Internacional, seu pensamento, sua vida, residindo inteiramente na autonomia, na ação espontânea e na livre federação, de baixo para cima, das seções.

Isso esteve e ainda está em uso constante em todas as seções da Internacional, exceto as da Alemanha, onde hoje parece prevalecer uma disciplina totalmente bismarckiana, de tal forma que, após cada congresso, os delegados, tendo retornado às suas respectivas seções, devem prestar contas detalhadamente a estas últimas de todas as discussões que aconteceram no congresso, explicar as razões de seus próprios votos e submeter à aceitação ou à rejeição das seções as resoluções votadas pela maioria do congresso. Resulta daí que os próprios congressos – de grande valor sob este aspecto, pois apresentavam os desejos, as aspirações, as diversas tendências dos diferentes grupos, tendiam a harmonizá-

# BAKUNIN

-los e a unificá-los não autoritariamente, mas pelo próprio efeito deste encontro, desta fricção fraternal, anualmente renovado – não tinham, portanto, e não devem ter força soberana, pois o efeito desta força seria aquele de submeter uma minoria qualquer à lei da maioria, e, na maioria das vezes, até mesmo a maioria das seções a uma maioria artificial produzida pela surpresa ou pela intriga de uma minoria no seio do congresso; seria, em resumo, transformar a Internacional num Estado político, com a liberdade fictícia e a escravidão real da massa do proletariado.

Nós desejamos a unidade, mas a unidade real, viva, resultante da livre união das necessidades, dos interesses, das aspirações, das ideias dos indivíduos, tanto quanto das associações locais, e que são, por consequência, a expressão e o resultado, sempre real e sincero, do maior desenvolvimento de sua liberdade, de sua existência e ação espontânea, mas não uma unidade imposta, seja pela violência, seja por artifícios parlamentares. Numa palavra, somos francamente comunalistas e federalistas; significa dizer que nós seguimos estritamente o espírito, assim como o conteúdo, de nossos estatutos gerais, a lei constitutiva da Internacional.

É a única lei obrigatória para todas as seções, e sobre a única base desta lei todas as seções são autônomas, soberanas, ao mesmo tempo que estão realmente ligadas por uma solidariedade internacional não dogmática, não governamental, mas prática.

Esta *solidariedade internacional prática, lei suprema e absolutamente obrigatória da Internacional*, pode resumir-se nestes termos:

MARX E A INTERNACIONAL

Cada membro da Internacional: indivíduos, seções de profissão ou quaisquer outras, grupos ou federações de seções, federações locais, regionais, nacionais, são igualmente obrigados a apoiar-se e socorrer-se mutuamente, até o limite do possível, na luta de cada um e de todos contra a exploração econômica e contra a opressão política do mundo burguês. Os operários de todas as profissões, de todas as comunas, de todas as regiões e de todas as nações constituem uma grande e única fraternidade internacional, organizada para empreender esta luta contra o mundo burguês; e quem faltar a esta solidariedade prática na luta – indivíduo, seção, ou grupo de seções – é um traidor.

Eis nossa lei realmente, única obrigatória. Há, além disso, as disposições do regulamento primitivo que impõe a cada seção o dever de pagar anualmente ao Conselho Geral dez centavos por cada um de seus membros, enviar-lhe a cada três meses um relatório detalhado sobre sua situação interna e atender a todas as suas reclamações *quando elas estiverem conformes aos estatutos gerais*, e eis tudo. Quanto ao resto, quer dizer, tudo o que constitui a própria vida, o próprio desenvolvimento, o programa e o regulamento particulares das seções, suas ideias teóricas, assim como a federação material, desde que nada do objetivo real esteja em contradição com os princípios e com as obrigações explicitamente enunciados nos estatutos gerais, é deixado à plena liberdade das seções.

Esta inexistência de um dogma único e de um governo central em nossa grande associação Internacional, esta liberdade quase absoluta das seções, revoltam o doutrinarismo e o autoritarismo do homem de Estado e profeta Mazzini. E, entretanto, foi precisamente esta liberdade que ele denomina anarquia e que, fundada sobre a verdadeira fonte e base criadora de nossa unidade real, sobre a identidade real da situação e das aspirações do proletariado de todos os países, foi esta liberdade que criou uma verdadeira conformidade de ideias e de toda a força da Internacional.

Até 1871, como eu já disse, a ação do Conselho Geral foi completamente nula. Ele fez intrigas e formou esse partido da democracia socialista na Alemanha, quer dizer, viciou o movimento do proletariado alemão. Foi um mal positivo. Ocupou-se também da organização da Internacional na Inglaterra e na América. Isto foi positivo; todavia, no resto da Europa, na Bélgica, na França, em toda a Suíça romântica, na Itália, na Espanha, ele não fez absolutamente nada. Entretanto, foi precisamente durante este período de sua inação forçada que a Internacional apresentou um crescimento formidável na maioria destes países. Bruxelas, Paris, Lyon e, naquele momento, mas não agora, Genebra, formaram centros de propaganda; as seções de todos os países confraternizaram e federaram-se espontaneamente entre si, inspirando-se em um mesmo pensamento. Foi assim que membros da seção da Aliança da Democracia Socialista, fundada no final de 1868, em Genebra, formaram as primeiras seções da Internacional em Nápoles, Madri e Barcelona. Hoje, a Internacional na Espanha, cujos primeiros germes foram levados por um italiano, tornou-se uma verdadeira força. E o Conselho Geral não somente não teve nenhuma parte nesta propaganda e nestas criações, como também as ignorou, enquanto as novas seções, tanto espanholas e italianas quanto francesas, não lhe notificaram sua constituição.

Alguém poderia perguntar que utilidade pode ter tido a existência de um Conselho Geral, cuja influência sobre o caminho e o desenvolvimento de uma grande parte da Europa, e especialmente de todos os países latinos e eslavos, foi tão completamente nula.

Ora, a utilidade desta existência foi imensa. O Conselho Geral era *o sinal visível da internacionalidade* para todas as seções nacionais e locais. Lembrai-vos que as seções da Internacional são seções operárias; que elas são compostas de homens pouco instruídos, pouco habituados às amplas concepções e, além do mais, esmagados por um trabalho mortificante e pelas preocupações ainda mais mortificantes de uma existência cotidiana miserável. Abandonadas a elas próprias, estas seções estenderam com dificuldade seu pensamento e sua solidariedade prática para além dos limites de sua própria comuna e de sua própria profissão. Mas havia os estatutos gerais, o programa e o regulamento internacionais das seções; isso não bastava. Os operários, a grande massa dos operários lê pouco e esquece facilmente o que lê. Assim, a simples existência desse programa e desse regulamento escrito, e seu simples conhecimento teórico, não bastavam. Sabemos, por experiência, que os operários só começam a conhecê-los realmente quando eles os praticam, e uma das primeiras condições desta prática era precisamente esta convergência unânime das seções de todos os países para um centro internacional comum. Todas as seções, os operários internacionais

# BAKUNIN

de todos os países, lá se encontravam, se abraçavam, | 137
confraternizavam, por assim dizer, em imaginação, em
ideia.

As relações reais com o Conselho Geral, é verdade,
eram nulas. Mas os dez centavos que cada operário, de
qualquer país e de qualquer seção que fosse, enviava
por intermédio de seu comitê secional e de seu comitê
federal ao Conselho Geral de Londres era para ele o sinal
visível, sensível, de sua adesão ao princípio humano e
amplo da internacionalidade. Era, para ele, a negação
real das estreitezas da nacionalidade e do patriotismo
burguês.

O próprio distanciamento do Conselho Geral, a impossibilidade real na qual ele se encontrava, e na qual
se encontra ainda hoje, de imiscuir-se de uma maneira
efetiva nos assuntos das seções, das federações regionais e dos grupos nacionais, era ainda um bem. Não
podendo intrometer-se nos debates cotidianos das seções, só o tornava mais respeitado, e ao mesmo tempo
não impedia as seções de viver e desenvolver-se com
toda liberdade. Ele era respeitado, é verdade, um pouco
como se respeitam os deuses, muito em imaginação.
Entretanto, ele não estava tão afastado assim para que
não pudesse dizer algo quando necessário. Mas só lhe
reconheciam esse direito de falar quando se tratava de
lembrar a uma seção ou a um grupo algum artigo esque-
cido dos estatutos gerais, do qual era considerado como
o guardião e o explicador, quando necessário, exceto a
pedido no congresso, em presença do qual ele cessava
de existir. E, como até 1869 pelo menos, jamais tinha
deixado seu papel e havia escrupulosamente respeitado

# MARX E A INTERNACIONAL

todas as liberdades nacionais e locais, quando ele falava, sua voz era escutada por todos com respeito. Como era e como permanece ainda em grande parte composto de homens que tinham tomado parte ativa na própria fundação da Internacional, ele gozava de autoridade moral ainda maior porque a usava raramente e nunca havia abusado dela. Em todas as dificuldades que adviam a uma seção, a uma federação regional ou nacional, esta dirigia-se a ele de bom grado, não como a um tutor ou a um ditador, mas como a um amigo experiente. E se se reclamasse de alguma coisa era de sua preguiça e de sua negligência, pois não respondia quase nunca, e sempre muito tarde.

Enfim, ele tinha ainda dois grandes deveres práticos a cumprir, os quais, é preciso que se diga, quer por falta de tempo – seus membros não sendo remunerados tinham de trabalhar para viver – quer por falta de meios, ele sempre se saiu muito mal.

O primeiro de seus deveres era dar conhecimento a cada grupo nacional do que se passava em todos os outros grupos. Este dever foi-lhe lembrado por todos os congressos. Nunca ele o havia cumprido.

Outro dever era, em caso de greve de operários internacionais num país qualquer, chamar os operários internacionais de todos os outros países em seu socorro. Pois bem, o apelo do Conselho Geral sempre veio muito tarde nessas ocasiões.

Mas essas negligências mais ou menos forçadas do Conselho Geral foram suficientemente compensadas pela própria atividade das seções e pelas relações de fraternidade real que espontaneamente se estabeleceram

# BAKUNIN

entre diferentes grupos nacionais. Por esta federação | 139
espontânea das seções e dos grupos, pela correspondência entre elas, e não pela ação do Conselho Geral, foi
que se formou, pouco a pouco, a unidade real de pensamento e ação, e a solidariedade prática dos operários
de diferentes países, na Internacional.

Desta maneira, entre os anos 1866, época do primeiro Congresso de Genebra, e 1869, época do último
Congresso da Basileia, formaram-se no seio da Internacional três grandes grupos: o grupo latino, compreendendo a Suíça românica, a Bélgica, a França, a Itália
e a Espanha; o grupo germano-austríaco; e o grupo
anglo-americano. O grupo eslavo ainda está em via de
formação. Ele ainda não existe propriamente. A unidade real, produzida pelo próprio desenvolvimento da
ação e das relações espontâneas das seções entre elas,
só existe, com efeito, em cada um desses grupos à parte,
unidos interiormente por um tipo de unidade especial
de raça, de situação, de pensamento e de aspirações
mais especialmente homogêneas. A união desses grandes grupos, entre eles, é muito menos real; ela só tem
por base os estatutos gerais, e por garantia necessária a
ação imparcial, mas real, do Conselho Geral, enfim, e
sobretudo, os congressos.

Tal foi a situação da Internacional até 1869.

Vimos que, em 1869, o Conselho Geral, que rumi-
nava havia muito tempo, projetos de monarquia universal nascidos no cérebro tão inteligente de Marx, havia
lançado os delegados alemães do partido da democracia socialista operária, para tentar fazer no Congresso
da Basileia uma primeira tentativa de realização. Os

## MARX E A INTERNACIONAL

alemães e os ingleses escolhidos por Marx, partidários do Estado que se dizia popular, sofreram uma derrota retumbante. Nosso partido, compreendendo os delegados belgas, franceses, suíços românicos, italianos e espanhóis, opondo a essa bandeira do comunismo autoritário e da emancipação do proletariado pelo Estado, a bandeira da liberdade absoluta, ou, como eles dizem, da anarquia, aquela da abolição dos Estados e da organização da sociedade humana sobre as ruínas dos Estados, arrancou uma vitória esplêndida. Marx compreendeu, então, que nos congressos, a lógica e o instinto dos trabalhadores estavam a nosso favor, e ele jamais poderia vencer. Desde então, ele e seu partido realizaram um golpe de Estado.

Mas como homens políticos hábeis, eles compreenderam que, antes de tentá-lo, seria preciso, de início, prepará-lo. Mas como prepará-lo? Pelos métodos eternamente empregados por todos os ambiciosos políticos, cientificamente constatados pelo terceiro positivista político após Aristóteles e Dante, Maquiavel – pelos mesmos meios dos quais se serve tão habilmente hoje o partido mazziniano: pela calúnia e pela intriga. Ninguém podia se servir destes meios melhor do que Marx, porque, inicialmente, ele possui a genialidade para isso, e possui, além do mais, à sua disposição, um exército de judeus que, neste tipo de guerra, são verdadeiros heróis.

Após o Congresso da Basileia, toda a imprensa alemã e, em parte, em artigos escritos por judeus alemães, a imprensa francesa também, mas sobretudo a primeira, caíram sobre mim com uma fúria prodigiosa. Marx e cia. deram-me a honra de fazer de mim, que não

# BAKUNIN

tenho, verdadeiramente, outra ambição além daquela de ser amigo de meus amigos, irmão de meus irmãos, e servidor sempre fiel de nosso pensamento, de nossa paixão comum, um chefe de partido. Eles pensaram estupidamente – era realmente conceder muita honra à minha suposta força – que eu sozinho teria podido amotinar e organizar contra eles os franceses, os belgas, os italianos e os espanhóis, numa compacta e esmagadora maioria. E eles juraram destruir-me. O ataque começou por um jornal de Paris, um jornal muito respeitável: *Le Réveil*. O sr. Hess, judeu alemão que se diz socialista, mas antes de tudo adorador do bezerro de ouro, inicialmente mestre de Marx, mais tarde seu rival e hoje seu discípulo bem disciplinado e submisso, escreveu contra mim um artigo infame que me apresentava, com força [palavra ilegível] e penhor de simpatia e até mesmo de respeito, como um tipo de agente, quer de Napoleão III, quer de Bismarck, quer do imperador da Rússia, ou de todos os três ao mesmo tempo. Na minha primeira reclamação, Delescluze, em nome da redação, retratou-se das calúnias nesse artigo. O sr. Hess passou vergonha. Não tentaram mais me atacar nos jornais franceses. Mas, ao contrário, lançaram-se de todo coração ao ataque nos jornais alemães. Ah! Meus caros amigos, vós não sabeis o que é a polêmica nos jornais: é imbecil, é miserável, é sobretudo suja. Um jornal socialista, o jornal oficial do partido da democracia socialista, redigido por um outro amigo e discípulo de Marx, judeu como ele, Liebknecht – jornal aliás sob muitos aspectos respeitável e muito instrutivo – publicou uma série de artigos de um terceiro judeu, Borkheim, outro servidor de Marx,

# MARX E A INTERNACIONAL

onde diziam simplesmente que Herzen e eu éramos espiões russos pagos pelo governo russo. Eu vos poupo do resto. Aliás, eu não fui o único caluniado, injuriado. Muitos amigos meus o foram comigo. Inicialmente, nós nos sentimos chocados e pedimos explicações. Finalmente, nós nos aguerrimos e nem sequer lemos o que continuam a escrever contra nós.

Paralelamente à calúnia moral, a intriga, que fracassou em todos os outros países. Mas deu certo em Genebra. Um pequeno judeu russo, imbecil mas maquiavélico, cínico, impudente, mentiroso e intrigante até o tutano de seus ossos, tornou-se a criatura, o agente, o criado de Marx. É ele quem redige agora o *Égalité* de Genebra. Aproveitando minha partida e minha residência em Locarno, eles tanto intrigaram, tramaram, aliando--se com as pessoas mais desprezíveis, que conseguiram desmoralizar e arruinar completamente a Internacional em Genebra. Foi em consequência disso que eclodiu uma ruptura (em 1870) entre a Federação das seções do Jura e o Conselho federal de Genebra. É uma história bem suja, da qual encontrareis os detalhes em uma memória que está sendo escrita agora em Neuchâtel. O Conselho Geral de Londres tomou naturalmente partido de Genebra, quer dizer, da infâmia contra a justiça e contra os próprios princípios da Internacional.

Eis os efeitos da intervenção central; sua inação nos unia, sua intervenção nos divide.

O resultado da guerra, do triunfo dos alemães, do fracasso da França e da derrota da Comuna de Paris fizeram nascer no coração de Marx novas esperanças. Os internacionais da França, em parte destruídos, em

BAKUNIN

parte dispersos, não podiam mais se opor, pensava ele, à realização de seus projetos ambiciosos.

Naquelas circunstâncias, em meio às perseguições internacionais da qual a Internacional é objeto, era impossível reunir um congresso; e, aliás, Marx, que não é absolutamente orador e que temia, em seus planos, a grande publicidade, não queria congresso de forma alguma. Ele usou o pretexto real ou fictício da impossibilidade de sua convocação para convocar em Londres uma conferência secreta, chamando a participar dela somente os mais íntimos, aqueles tidos como certos. Uma conferência, mesmo pública, não teria absolutamente nenhum valor segundo nossos estatutos gerais, que só reconheciam os direitos dos congressos. Mas estudai os estatutos e vereis que, nos congressos, cada associação profissional, não somente o grupo ou a federação das seções, mas cada seção tem o direito de se fazer representar por um ou dois delegados; além do mais, vereis que todas as questões que devam ser resolvidas num congresso devem ser anunciadas a todas as seções com dois ou três meses de antecedência, a fim de que elas possam estudá-las, discuti-las e dar a seus delegados instruções com pleno conhecimento de causa. Na última conferência (realizada em Londres, em setembro último) nenhuma destas condições foi observada. Foram enviados poucos delegados por grupo. A Itália não enviou nenhum; nem sequer dignaram-se a advertir a Federação do Jura. Alguns membros da Comuna de Paris, refugiados em Londres, foram convidados a nela tomar assento. Mas após desentendimentos com Marx, a maioria se afastou. A maioria era composta de ingle-

# MARX E A INTERNACIONAL

ses marxistas, alemães e judeus alemães. O delegado espanhol, o delegado belga, os delegados dos refugiados franceses protestaram contra as resoluções desta conferência.

Estas resoluções são lastimáveis. Elas investem com um direito ditatorial o Conselho Geral, concedem-lhe o direito de rejeitar as novas seções, e o direito de censura sobre os jornais da Internacional. Assim como o dogma de Mazzini em Roma, o dogma de Marx em Londres foi declarado ortodoxo. Por sinal, lereis ou já haveis lido estas resoluções e as ucasses, os decretos do Conselho Geral são o triunfo do golpe de Estado. Será a morte da Internacional se não emitirmos uma protestação universal, se em nome de nossos princípios e de nossos estatutos fundamentais, não declararmos nulas a Conferência de Londres e todas as suas resoluções, e se não forçarmos o Conselho Geral a voltar aos limites que lhe são impostos por estes estatutos.

Todos os que querem a liberdade, todos os que querem a ação espontânea e coletiva do proletariado, e não a intriga e o governo dos indivíduos ambiciosos, estarão conosco.

## [A FRANCISCO MORA]
*Locarno, Suíça, 5 de abril de 1872*

Caro aliado e companheiro,

A pedido de nossos amigos de Barcelona, escrevo-vos e faço-o ainda com mais prazer porque tomei conhecimento de que, tanto quanto eu, meus amigos, *nossos aliados* da Federação Jurassiana, estamos sofrendo as

# BAKUNIN

calúnias do Conselho Geral de Londres, na Espanha | 145
bem como nos outros países. É uma coisa bem triste,
realmente, que, nesse tempo de crise terrível, no qual se
decide por décadas o destino do proletariado de toda
a Europa, e em que todos os amigos do proletariado,
da humanidade e da justiça deveriam unir-se fraternalmente para fazer frente ao inimigo comum, o mundo
dos privilegiados organizado como Estado; é bem triste,
digo, que homens que, por sinal, prestaram grandes
serviços à Internacional no passado, hoje levados por
uma má paixão autoritária, aviltem-se até à mentira e
semeiem a divisão, em vez de criar em toda parte essa
união livre que só ela pode criar a força.

Para dar-vos uma ideia justa das tendências que
perseguimos, tenho só uma coisa a dizer-vos. Nosso
programa é o vosso, aquele mesmo que vós proclamastes
em vosso congresso do ano passado, e se permaneceis
fiéis a ele, estais conosco, por essa simples razão que
estamos convosco. Detestamos o princípio de ditadura,
governamentalismo e autoridade, assim como o detestais; estamos convictos de que todo poder político é
uma fonte de depravação infalível para aqueles que go-
vernam, e uma causa de servidão para aqueles que são
governados. Estado significa dominação, e a natureza
humana é feita de tal forma que toda dominação traduz-
-se em exploração. Inimigos do Estado em todas as suas
manifestações, também não queremos suportá-las no
seio da Internacional. Consideramos a Conferência de
Londres e as resoluções que ela votou como uma intriga
ambiciosa e um golpe de Estado, e por isso nós protesta-
mos e protestaremos até o fim. Não abordo as questões

pessoais; infelizmente elas ocuparão demasiado espaço no próximo congresso universal, se esse congresso ocorrer, o que duvido muito que aconteça, pois se as coisas continuarem a avançar no mesmo passo, logo não haverá um único ponto no continente europeu onde os delegados do proletariado poderão reunir-se para discutir livremente. E agora todos os olhos estão fixados na Espanha e no desfecho de vosso congresso. O que sairá dele? Esta carta chegará às vossas mãos, se chegar, após esse congresso. Ela vos encontrará em plena revolução ou em plena reação? Todos os nossos amigos da Itália, da França e da Suíça aguardam notícias de vosso país com cruel ansiedade.

Sabeis, sem dúvida, que na Itália, neste último tempo, a Internacional e *nossa cara Aliança* adquiriram um enorme desenvolvimento. O povo, tanto do campo quanto das cidades, encontra-se numa situação completamente revolucionária, isto é, economicamente desesperada, e as massas começam a organizar-se de uma maneira muito séria; seus interesses começam a tornar-se ideias. Até o presente, o que havia faltado na Itália não eram os instintos, mas precisamente a organização e a ideia. Uma e outra constituem-se, de modo que a Itália, depois da Espanha, com a Espanha, talvez seja o país mais revolucionário atualmente. Há na Itália o que falta aos outros países: uma juventude ardente, enérgica, *completamente deslocada, sem carreira, sem saída*, e que, malgrado sua origem burguesa, não está em absoluto moral e intelectualmente esgotada como a juventude burguesa dos outros países. Hoje ela se lança de corpo e alma no socialismo revolucionário, *com todo o nosso programa*, o programa da Aliança. Mazzini, nosso genial e poderoso antagonista, morreu, o partido mazziniano está completamente desorganizado, e Garibaldi deixa-se levar cada vez mais por essa juventude que carrega seu nome, mas que vai ou corre infinitamente mais longe do que ele. Enviei aos amigos de Barcelona uma mensagem italiana; logo enviarei outras. É bom, é necessário que os *aliados* da Espanha ponham-se em relações diretas com aqueles da Itália. Vós recebeis os jornais socialistas italianos? Recomendo-vos sobretudo: *Eguaglianze* de Giregenti, Sicília; *Campana*, de Nápoles; *Fascio Operaio*, de Bolonha; *Il Gazzettino Rosa*, mas sobretudo *Il Martello*, de Milão, infelizmente sequestrado e todos os seus redatores presos.

Na Suíça, recomendo-vos dois aliados: James Guillaume (Suíça, Neuchâtel, 5, rue de la place d'armes) e Adhémar Schwitzguébel, gravador (membro e secretário correspondente do Comitê da Federação Jurassiana), Suíça, Jura Bernois, Sonvillier, Mr. Adhémar Schwitzguébel.

*Aliança* e fraternidade.

M. Bakunin

## [AOS REDATORES DO BOLETIM DA FEDERAÇÃO DO JURA]
*Locarno, Suíça, 6 de junho de 1872*

Caros companheiros de desgraça!

A espada de Dâmocles, com a qual nos ameaçaram por tanto tempo, acaba, enfim, de cair sobre as nossas

# MARX E A INTERNACIONAL

cabeças. Não é exatamente uma espada, mas a arma habitual do sr. Marx, um monte de imundices.

Com efeito, na nova circular *privada* do Conselho Geral de Londres, datada de 5 de março de 1872, mas entregue à publicidade, segundo parece, somente nesses últimos dias, nada falta: invenções ridículas, falsificações de princípios e de fatos, insinuações odiosas, mentiras cínicas, calúnias infames, enfim, todo o arsenal guerreiro do sr. Marx em campanha. É uma coletânea mediocremente sistematizada de todas as histórias absurdas e imundas que a maldade mais perversa do que espiritual dos judeus alemães e russos, seus amigos, seus agentes, seus discípulos e, ao mesmo tempo, os lacaios executores de suas grandes obras, propagou contra todos nós, mas sobretudo contra mim, durante três anos aproximadamente, e principalmente desde esse infeliz Congresso da Basileia, no qual ousamos votar, com a maioria, contra a política marxista.

Lembro-me ainda da exclamação pronunciada nessa ocasião, diante de mim, por um dos signatários da referida circular: "Marx wird sehr unzufrieden sein. – Marx ficará furioso!" E, com efeito, ele ficou furioso; e eu, o bode expiatório condenado pela furiosa sinagoga a padecer por nossos pecados coletivos, fui o primeiro a sentir o efeito disso. Vós vos lembrais do artigo do judeu alemão Moses Hess em *Le Réveil* (no outono de 1869), reproduzido e desenvolvido logo depois pelos Borkheim e outros judeus alemães do *Volksstaat*? Eu vos poupo do pequeno judeu russo de *L'Égalité* de Genebra. Foi como uma inundação de lama contra mim, contra todos nós.

Durante dois anos e meio, nós suportamos em silêncio esta agressão imunda. Nossos caluniadores haviam inicialmente começado por vagas acusações, misturadas com covardes reticências e insinuações venenosas, mas ao mesmo tempo tão estúpidas, que por falta de outras razões para me fazer calar, o desgosto somado ao desprezo que elas tinham provocado em meu coração teria sido suficiente para explicar e legitimar meu silêncio. Posteriormente, encorajados por essa indulgência, da qual eles não souberam adivinhar as verdadeiras razões, levaram sua suja maldade até a me apresentar como um agente assalariado pan-eslavista russo, napoleônico, bismarckiano, quem sabe até mesmo papal...

Era realmente muito estúpido responder a isso. Mas tive, para guardar silêncio, razões bem mais importantes do que o desgosto natural que sentimos em lutar contra a lama. Eu não quis fornecer um pretexto a esses dignos cidadãos, que evidentemente buscavam um, para poder reduzir ao seu nível um grande debate de princípios, transformando-o numa miserável questão pessoal. Eu não quis tomar nenhuma parte na terrível responsabilidade que deve recair sobre aqueles que não temeram introduzir nesta Associação Internacional dos Trabalhadores, da qual o proletariado de tantos países espera hoje sua salvação, o escândalo das ambições pessoais, os germes da discórdia e da dissolução. Eu não quis absolutamente oferecer ao público burguês o espetáculo, tão triste para nós, tão reconfortante para ele, de nossas dissensões internas.

Enfim, pensei que devia abster-me de atacar, diante deste mesmo público, uma súcia na qual, gosto de reconhecer, há homens que prestaram incontestáveis serviços à Internacional.

Sem dúvida, esses homens se desonram, hoje, e causam um grande dano à Internacional ao se servirem da calúnia para combater adversários que levam ao desespero, provavelmente para aniquilar pela força de seus argumentos. Sem dúvida, ao seu grande zelo pela causa do proletariado soma-se, de um modo bastante desagradável, uma considerável dose de pretensões vaidosas e opiniões ambiciosas, tanto pessoais quanto de raça... Mas não é menos verdade que esse zelo é sincero. Pelo menos, estou perfeitamente convencido disso, não em relação a todos, mas a um grande número dentre eles; e como eles são todos solidários, tive de abster-me de atacar uns para poder poupar os outros.

Assim, sempre me resguardei de chamar todos meus caluniadores diante de um júri de honra que o próximo Congresso Geral, sem dúvida, não me recusará. E, por pouco que este júri me ofereça todas as garantias de um julgamento imparcial e sério, poderei expor-lhe com detalhes necessários todos os fatos, tanto políticos quanto pessoais, sem temor pelos inconvenientes e pelos perigos de uma divulgação indiscreta.

Mas há um outro fato, de caráter totalmente público, e que a calúnia marxista, referendada desta vez por todos os membros do Conselho Geral, desnaturou consciente e maldosamente. Restabelecê-los em sua verdade, contribuindo, na medida de minhas forças, à demolição do sistema de mentiras edificado pelo sr. Marx e seus acólitos, tal será o objeto de um texto que eu me proponho publicar antes da reunião do congresso.

Terminarei esta carta com uma última observação. Nada prova melhor a dominação desastrosa do sr. Marx no Conselho Geral do que a referida circular. Percorrei os nomes dos 47 signatários e encontrareis somente sete ou oito que puderam pronunciar-se neste caso com *algum* conhecimento de causa. Todos os outros, instrumentos complacentes e cegos da cólera e da política marxista, referendaram uma condenação infame contra nós, a quem jamais viram, nem ouviram falar, a quem julgaram e executaram sem terem sequer se dignado a dirigir-nos uma pergunta!

É assim, pois, que no Conselho Geral de Londres entende-se a *justiça*, a *verdade*, a *moral* que, segundo a consideração de nossos estatutos gerais, devem servir de base a todas as relações, tanto coletivas quanto individuais na Associação Internacional dos Trabalhadores? Ah! Senhor Karl Marx, é mais fácil colocá-las à frente de um programa do que exercê-las!

Dir-se-ia que neste momento em que a federação belga questiona a existência ulterior do Conselho Geral, todos os membros deste conselho sentiram-se orgulhosos em provar, não somente que sua instituição tornou-se inútil, mas que ela nada mais é, hoje, do que uma instituição malfazeja.

Saudações e solidariedade.

## [AOS AMIGOS DE ZURIQUE]
*Locarno, Suíça, 10 de dezembro de 1872*

Meus amigos,

Com a mentira propagada pelo Conselho Federal e com o desaparecimento do jornal *La Emancipación*, Karl Marx e seus agentes perderam tudo na Espanha,

MARX E A INTERNACIONAL

toda a sua agitação soçobrou definitivamente. Quanto à nossa propaganda pela palavra e pela pena, ela dá os melhores resultados. As comissões especialmente organizadas, que visitaram as diferentes províncias onde ensinaram à população os princípios do socialismo revolucionário, efetuaram um trabalho muito frutuoso; essas comissões, repito-o, deram excelentes resultados. Por outro lado, escrevem-me para dizer que ganhamos novos amigos na imprensa espanhola; ela tem em Barcelona o jornal *La Solidaridad Revolucionaria*; *El Orden*, em Córdoba; *El Obrero*, em Granada; *La Internacional*, em Málaga; e temos uma excelente revista em Barcelona, *La Federación*. Nestes últimos tempos, quase começou em Barcelona uma autêntica cruzada contra nossa fraternidade, com o concurso de operários comprados pela burguesia. Fomos acusados de trabalhar pretensamente para Don Carlos; nesse caso houve inúmeras prisões e acusações, e uma perquirição foi realizada na redação de *La Solidaridad*. Em agosto último, tínhamos, na Espanha, 204 federações contando 371 associações de resistência, 114 seções dos diferente ofícios. Alerini escreve que em Alcoy os nossos ganham cada vez mais influência. Nossos amigos sabem, contudo, que toda ação revolucionária não preparada corre o risco de ser nefasta, em vez de útil à revolução social, e por isso eles decidiram não tomar absolutamente parte no movimento republicano. Tal é, meus amigos, em resumo, nossa ação na Espanha. Na Itália nossa posição não é pior: em Taranto, nossos irmãos têm um grande centro; é ali que trabalha Kosta, em Palermo, Veneza; em Siena, Roma e Turim nossas seções organizaram-se muito bem, e podemos esperar em breve grandes coisas. No conjunto, meus amigos, espero agora não morrer numa cama, mas como convém a nosso irmão.

[...] Escrevi uma longa carta ao filósofo jurassiano e, em vez do tratado *sobre a moral* que ele me pedira, declarei resumida e inteligivelmente que a definição desse termo é tão elástica e *vaga* que ela não tem para mim, na realidade, qualquer sentido positivo; de fato, conheço tantas morais diferentes que, no fim das contas, cada um acaba por dizer que possui sua moral: temos a moral religiosa do pope, a moral do soldado, as morais burocrática e burguesa, e convém ter a moral revolucionária. Nós, irmãos internacionais, que estamos em relações com os operários, não necessitamos de qualquer *sutileza* filosófica. Vale mais a pena acalmar-se; o operário não se enganará quanto ao sentido do termo *moral* porque ele sabe que sua moral não pode ser aquela que pregam os popes, nem aquela pregada pelo burguês. Para o operário, as palavras *moral e justiça* são dois termos idênticos. Foi assim que eu me livrei de meu professor jurassiano; cabe a ele ruminar, escrever todo um tratado e deixar-me em paz.

Vosso M. B.

# [AO JOURNAL DE GENÈVE]
*25 de setembro de 1873*

Aos senhores redatores do *Journal de Genève*
Senhores,
Não faz parte dos meus hábitos responder às injúrias e às calúnias dos jornais. Eu teria tido muito trabalho,

realmente, se tivesse querido apurar todas as besteiras que, desde 1869, sobretudo, divertiram-se em debitar em minha conta.

Entre meus caluniadores mais furiosos, ao lado dos agentes do governo russo, eu situo naturalmente o sr. Marx, o chefe dos comunistas alemães, que, sem dúvida por causa de seu tríplice caráter de comunista, alemão e judeu, odiou-me, e, dizendo nutrir igualmente um grande ódio contra o governo russo, em relação a mim pelo menos, nunca deixou de agir em plena harmonia com ele.

Para me sujar aos olhos do público, o sr. Marx não somente recorreu aos órgãos de uma imprensa muito complacente, serviu-se também dos correspondentes íntimos, dos comitês, das conferências e dos próprios congressos da Internacional, não hesitando fazer desta bela e grande Associação que ele tinha ajudado a fundar, um instrumento de suas vinganças pessoais.

Hoje mesmo anunciaram-me a publicação de uma brochura sob o título: *L'Internationale et l'alliance*.[2] É, segundo dizem, o relatório da comissão de inquérito nomeada pelo Congresso de Haia.

Quem não sabe que este congresso foi tão somente uma falsificação marxista, e que esta comissão, na qual tinham assento dois delatores (Dentraygues e Van Heddeghem), tomou decisões que ela própria declarou ser incapaz de justificar, ao pedir ao congresso um voto de

[2]Bakunin refere-se ao texto que foi publicado como relatório do Congresso de Haia, sob o nome de L'Alliance de la Démocratie Socialiste et L'Association Internationale des Travailleurs. [N. do E. ]

# BAKUNIN

confiança; o único membro honesto da comissão protestou energicamente contra essas conclusões, ao mesmo tempo odiosas e ridículas, num relatório de minoria.

Pouco satisfeito com a inépcia de seus agentes, o sr. Marx teve o trabalho, ele próprio, de redigir um novo relatório que publica hoje com a sua assinatura e as de alguns de seus cúmplices.

Esta nova brochura, disseram-me, é uma denúncia formal, uma denúncia de policial, contra uma sociedade conhecida sob o nome de *Aliança*. Arrastado por seu ódio furioso, o sr. Marx não temeu aplicar nele próprio uma bofetada, ao assumir publicamente o papel de um agente de polícia delator e caluniador. É sua responsabilidade, e como esta profissão lhe convém, que ele a exerça. E não é para responder-lhe que eu farei exceção à lei de silêncio que me impus.

Hoje, todavia, senhores, creio dever fazer exceção para repelir mentiras, ou, para falar uma linguagem mais parlamentar, erros que deslizaram nas colunas de vosso jornal.

Em vosso número de 14 de setembro, que me foi impossível conseguir, vós havíeis reproduzido, disseram-me, a correspondência de um jornal de Paris, *La Liberté* ou o *Journal des Débats*, no qual um senhor anônimo afirma descaradamente ter-me escutado declarar, ou melhor, gabar-me de ter sido a causa de todas as convulsões revolucionárias que agitam a Espanha. É simplesmente estúpido! Seria o mesmo que dizer que eu causei todas essas tempestades que no decorrer deste ano assolaram o oceano e a terra.

MARX E A INTERNACIONAL

De tanto caluniar, esses senhores acabarão por deificar-me.

É preciso que eu vos assegure que jamais mantive tais propósitos? Estou certo de que jamais encontrei este senhor e o desafio a dar seu nome e a designar o dia e o local onde nos teríamos encontrado.

Mas vós próprios, senhores, no número de 19 de setembro de vosso jornal, vós me atribuístes escritos cuja publicação é-me estranha.

Assim também, permitir-me-ei endereçar-vos um pedido que vossa justiça não poderá negar. Na próxima vez, quando quiserdes me conceder a honra de vossos ataques, acusai-me apenas pelos escritos que são assinados por mim.

Eu vos confesso que tudo isso me enojou profundamente da vida pública. Estou farto de tudo isso. Após ter passado toda minha vida na luta, estou cansado. Já passei dos sessenta anos, e uma doença no coração, que piora com a idade, torna minha existência cada vez mais difícil. Que outros mais jovens ponham-se ao trabalho. Quanto a mim, não sinto mais a força, nem talvez a confiança necessária para empurrar por mais tempo a pedra de Sísifo contra a reação triunfante em todos os lugares. Retiro-me, pois, da liça, e peço a meus caros contemporâneos apenas uma coisa: o esquecimento.

De agora em diante não atrapalharei o repouso de mais ninguém; que me deixem, por minha vez, tranquilo.

Acreditei muito em vossa justiça, senhores, ao esperar que vós não recusaríeis a publicação desta carta?

# BAKUNIN

## [AOS REDATORES DO BOLETIM DA FEDERAÇÃO DO JURA]
### 12 de outubro de 1873

Caros companheiros,

Eu não posso nem devo deixar a vida pública sem endereçar-vos uma última palavra de reconhecimento e simpatia.

Faz quatro anos e meio aproximadamente que nós nos conhecemos, e apesar de todos os artifícios de nossos inimigos comuns e das calúnias infames que lançaram contra mim, conservastes vossa estima, vossa amizade e vossa confiança em mim. Vós não vos deixastes intimidar por esta denominação de "bakuninianos" que eles lançaram em vossos rostos, preferindo guardar a aparência de serem homens dependentes, do que a certeza de terdes sido injustos.

E, por sinal, sempre tivestes, e em alto grau, a consciência da independência e da perfeita espontaneidade de vossas opiniões, tendências, atos; e a pérfida intenção de nossos adversários era tão transparente, por outro lado, que não pudestes tratar suas insinuações caluniosas e ferinas de outra forma senão com o mais profundo desprezo.

Vós o fizestes, e é precisamente porque tivestes a coragem e a constância de fazê-lo que acabastes de conquistar hoje, contra a intriga ambiciosa dos marxistas, e em proveito da liberdade do proletariado e de todo o futuro da Internacional, uma vitória tão completa.

Fortemente socorridos por vossos irmãos da Itália, da Espanha, da França, da Bélgica, da Holanda, da

## MARX E A INTERNACIONAL

Inglaterra e da América, fizestes retornar a grande Associação Internacional dos Trabalhadores ao caminho do qual as tentativas ditatoriais do sr. Marx fracassaram em desviá-la.

Os dois congressos que acabam de realizar-se em Genebra foram uma demonstração triunfante, decisiva, da justiça e, ao mesmo tempo também, da força de vossa causa.

Vosso congresso, o da liberdade, reuniu em seu seio os delegados das principais federações da Europa, menos a Alemanha; proclamou em alta voz e estabeleceu amplamente, ou melhor, confirmou a autonomia e a solidariedade fraterna dos trabalhadores de todos os países. O congresso autoritário ou marxista, composto unicamente de alemães e operários suíços, que parecem ter aceitado a liberdade em desgosto, esforçou-se em vão para remendar a ditadura arrebentada, e de agora em diante ridicularizada, do sr. Marx.

Após ter lançado muitas injúrias aqui e ali, para constatar sua maioria genebresa e alemã, eles chegaram a um produto híbrido que não é mais a autoridade integral, sonhada pelo sr. Marx, mas ainda menos a liberdade, e separaram-se profundamente desencorajados e descontentes com eles próprios e com os outros. Esse congresso foi um enterro.

Assim, vossa vitória, a vitória da liberdade e da Internacional contra a intriga autoritária, está completa. Ontem, quando ela podia parecer ainda incerta – ainda que, no que me concerne, jamais duvidei disso – ontem, digo, não era permitido a ninguém abandonar suas fileiras. Mas, hoje, quando esta vitória tornou-se um fato

# BAKUNIN

realizado, a liberdade de agir segundo suas conveniências pessoais voltou a cada um.

E aproveito esta oportunidade, caros companheiros, para pedir-vos a gentileza de aceitar minha demissão como membro da Federação Jurassiana e membro da Internacional. Possuo muitas razões para assim agir. Não crede que seja principalmente por causa dos desgostos pessoais dos quais eu estive saturado nesses últimos anos. Não digo que eu seja absolutamente insensível a eles; todavia, eu sentiria ainda bastante força para resistir se pensasse que minha participação posterior no vosso trabalho, nas vossas lutas pudesse ter alguma utilidade ao triunfo da causa do proletariado. Mas não acredito nisso.

Por meu nascimento e por minha posição pessoal, e não por minhas simpatias e minhas tendências, nada mais sou do que um burguês e, como tal, não saberia fazer outra coisa entre vós senão propaganda teórica. Bem, tenho esta convicção de que o tempo dos grandes discursos teóricos, impressos ou falados, passou. Nos últimos nove anos desenvolveram-se no seio da Internacional mais ideias do que era preciso para salvar o mundo – se apenas as ideias pudessem salvá-lo – e desafio quem quer que seja a inventar uma nova.

O tempo não é mais para ideias, e sim para fatos e atos. O que mais importa, hoje, é a organização das forças do proletariado. Mas esta organização deve ser a obra do próprio proletariado. Se eu fosse jovem, eu me transportaria para um meio operário, e, compartilhando a vida laboriosa de meus irmãos, participaria

## MARX E A INTERNACIONAL

igualmente com eles do grande trabalho dessa organização necessária.

Mas minha idade e minha saúde não me permitem fazê-lo. Elas me pedem, ao contrário, a solidão e o repouso. Cada esforço, uma viagem a mais ou a menos, torna-se um caso muito sério para mim. Moralmente sinto-me ainda bastante forte, mas fisicamente logo me canso, não sinto mais as forças necessárias à luta. Eu não poderia ser, no campo do proletariado, mais do que um estorvo, não uma ajuda.

Como vedes, caros companheiros, tudo me obriga a pedir demissão. Vivendo longe de vós e longe de todo mundo, que utilidade eu poderia ter para a Internacional em geral e para a Federação do Jura em particular? Vossa grande e bela Associação, de agora em diante totalmente militante e prática, não deve sofrer com sinecuras nem posições honorárias em seu seio.

Retiro-me, então, caros companheiros, pleno de reconhecimento por vós e de simpatia por vossa grande e santa causa – a causa da humanidade. Acompanharei com uma ansiedade fraterna todos os vossos passos, e saudarei com alegria cada um de vossos novos triunfos.

Estarei convosco até a morte.

Mas antes de nos separarmos, permiti que eu vos dê um último conselho fraterno. Meus amigos, a reação internacional, cujo centro hoje não está nesta pobre França, burlescamente dedicada ao Sacré-Cœur, mas sim na Alemanha, em Berlim, e que é representada tanto pelo socialismo do sr. Marx quanto pela diplomacia do sr. Bismarck; esta reação que propõe como objetivo final a pangermanização da Europa, ameaça tudo engolir

# BAKUNIN

e tudo perverter neste momento. Ela declarou guerra 161
mortal à Internacional, representada hoje unicamente
pelas federações autônomas e livres. Como os proletários de todos os outros países, mesmo que fazendo parte
de uma república ainda livre, sois forçados a combatê-la,
pois ela se interpôs entre vós e vosso objetivo final, a
emancipação do proletariado do mundo inteiro.

A luta que tereis de sustentar será terrível. Mas não
vos deixais desencorajar, e sabei que, apesar da imensa
força material de vossos adversários, o triunfo final vos
estará assegurado, se observardes fielmente estas duas
condições:

1ª Mantende-vos firmes em vosso princípio da
grande e ampla liberdade popular, sem a qual a igualdade e a solidariedade, elas próprias, nada mais seriam
do que mentiras.

2ª Organizai cada vez mais a solidariedade internacional, prática, militante, dos trabalhadores de todas
as profissões e de todos os países, e lembrai que, infinitamente fracos como indivíduos, como localidades ou
como países isolados, encontrareis uma força imensa,
irresistível, nesta universal coletividade.

Adeus. Vosso irmão,

Mikhail Bakunin

# O REPOUSO DE UM GUERREIRO

## [A NIKOLAI OGAREV]
*Lugano, Suíça, 11 de novembro de 1874*

Assim, caro e velho amigo, eis que partiste para bem longe. Tranquiliza-me; escreve-me, porque distante deles, os Herzen não te esquecerão nem te deixarão sem ajuda financeira, na miséria e na dificuldade, insuportáveis a um homem de tua idade e, além do mais, doente. Este é o primeiro ponto. Eis o segundo: deves ter encontrado em Londres um meio russo, ou mesmo um único russo com o qual podes ter trocado algumas francas palavras sobre a situação da Rússia, a qual, como sempre, te interessa com certeza mais do que qualquer outra coisa no mundo. É certo, Lavrov vive em Londres com todo seu clã. Mas quando o conheceres melhor, ele e todos os outros, duvido que te pareça oportuno estabelecer com eles relações de boa-fé. A propósito, leste minha última brochura anônima: *Anarchie et Etat*? Se ainda não leste, escreve-me e eu a enviarei.

Mas, sobretudo, peço-te uma vez mais, escreve-me com quem e como vives, quais são as pessoas que vês e com quem passas teus dias. Eu temo que as relações inglesas *de tua esposa* (sem o pope) – tua esposa, à qual peço-te que dês minhas lembranças – sejam para ti não muito interessantes e que te sintas, hoje, em Londres,

# O REPOUSO DE UM GUERREIRO

mais só do que nunca e do que em qualquer outro lugar – e em nossa idade isto é um sentimento penoso. Um único consolo: a morte que se aproxima. O sino soou muito; agora abandona o campanário.[1]

Eu mesmo, meu velho amigo, coloquei-me à distância, e desta vez radical e irrevogavelmente, de toda atividade real, de todo contato, por empreendimentos de ordem prática. Primeiramente, porque a época atual não convém, decididamente, para ações deste gênero. O bismarckismo, ou seja, o militarismo, a polícia e o monopólio das finanças confundidos num único e mesmo sistema que se chama Estado moderno, triunfa em todos os lugares. Talvez durante dez ou quinze anos esta potente e científica negação de tudo o que é humano continue ainda seu triunfo. Não digo que atualmente não se tenha nada a fazer, mas esta nova ação exige novos métodos e, sobretudo, forças novas e jovens, e sinto que não valho nada para esse combate. Foi por isso que apresentei minha demissão sem esperar que algum impertinente Gil Blas venha me dizer: "Monseigneur, plus d'homélies!"[2] Minha saúde não cessa de piorar, de forma que me tornei completamente inapto para novas tentativas ou ações revolucionárias aleatórias. Desde então, retirei-me ao seio de minha família, vinda da Sibéria, e moramos todos juntos em Lugano, e não Locarno.

Com certeza deves ter ouvido falar, várias vezes, no passado, que eu comprei uma grande propriedade

---

[1] Provérbio russo. [N. do T.]

[2] Em francês no original. *Senhor, chega de homilias!* [N. do T.]

# BAKUNIN

perto de Locarno; e, sem dúvida, como muitos outros, 165
deves ter perguntado onde consegui dinheiro para esta
aquisição. Eis, para ti, a solução do enigma: eu nunca
fui o proprietário, fui unicamente um *prête-nom*[3] para
meu rico amigo Cafiero. Ficou decidido que eu seria o
proprietário de nome, a fim de que eu pudesse adqui-
rir a cidadania; o que nos pareceu necessário, pois um
cidadão não pode ser expulso do cantão de Tessino, e
minha estada neste cantão havia sido julgada indispensável. Assim, passei por proprietário, por burguês; e não
somente não me aborreci por me terem considerado
como tal, mas fazia mesmo tudo que era possível para
que esta nova reputação se espalhasse o máximo possível. Quanto mais burguês eu pudesse parecer, mais útil
e mais segura seria minha atividade anônima.

Mas hoje, tendo definitiva e irrevogavelmente re-
nunciado a esta atividade, não preciso mais de máscara;
devolvi minhas plumas de pavão, quero dizer, a propriedade, a seu verdadeiro proprietário, a meu amigo
Cafiero; eu próprio me distanciei e resido agora, com
minha família, em Lugano. Compreendestes? Se sim,
guarda isto para ti e não repitas a ninguém o que acabo
de dizer-te.

Fora isso, não cruzo os braços, trabalho muito. Primeiramente, escrevo minhas memórias, e, em segundo
lugar, simultaneamente, proponho-me a escrever, se
minhas forças o permitirem, uma última palavra sobre
minhas convicções mais íntimas; eu leio enormemente.

---

[3]Em francês no original. Alguém que empresta seu nome para
algo. [N. do T. ]

# O REPOUSO DE UM GUERREIRO

Tenho atualmente três livros à mão: *Culturgeschichte der Menschheit* de G. F. Kolb, *Autobiografia* de Stuart Mill e Schopenhauer.

Leste a *Autobiografia*? Se ainda não o fizeste, não deixes absolutamente de fazê-lo. A obra é, ao mais elevado ponto, interessante e instrutiva. Do teu lado, escreve-me sobre o que lês; e, se valer a pena, recomenda-me. Chega de ensinar; nós iremos nos dedicar, amigo, em nossos últimos dias, a aprender. É mais divertido.

Escreve o mais rápido possível. Eis meu endereço: Suíça, Lugano, Caixa Postal. Senhor M. Bakunin.

Eu te abraço, velho amigo, e lembranças de minha parte a miss Mary. Responde-me rapidamente.

Teu M. Bakunin

## [A ÉLISÉE RECLUS]
*Lugano, Suíça, 15 de fevereiro de 1875*

Meu muito caro amigo,

Agradeço-te muito por tuas boas palavras. Jamais duvidei de tua amizade; este sentimento é sempre mútuo, e eu julgo o teu em relação ao meu.

Sim, tens razão, a revolução no momento foi ao leito, recaímos no período das evoluções, quer dizer, naquele das revoluções subterrâneas, invisíveis e frequentemente mesmo insensíveis. A evolução de hoje é muito perigosa, se não para a humanidade, ao menos para certas nações. É a última encarnação de uma classe esgotada, jogando seu último jogo, sob a proteção da ditadura militar macmahono-bonapartista na França, bismarckiana no resto da Europa.

# BAKUNIN

Eu concordo contigo em dizer que a hora da revolução passou, não por causa dos horrorosos desastres dos quais fomos testemunhas e das terríveis derrotas das quais fomos vítimas culpadas, mas porque, para meu grande desespero, constatei e constato todos os dias que o pensamento, a esperança e a paixão revolucionários não se encontram absolutamente nas massas, e quando elas estão ausentes, de nada vale fazer esforços inúteis. Admiro a paciência e a perseverança heroicas dos jurassianos e dos belgas – estes últimos moicanos da falecida Internacional – e que apesar de todas as dificuldades, adversidades, apesar de todos os obstáculos, no meio da indiferença geral, opõem sua fronte obstinada ao curso absolutamente contrário das coisas, continuando a fazer tranquilamente o que eles fizeram antes das catástrofes, quando o movimento geral era ascendente e o mínimo esforço criava uma força. Trabalho ainda mais meritório, visto que não colherão os frutos; mas podem estar certos de que o trabalho não será perdido – nada se perde neste mundo – e as gotas de água, mesmo transparentes, não deixam de formar o oceano.

Quanto a mim, meu caro, tornara-me muito velho, muito doente, muito desencorajado, e, devo te dizer, sob muitos pontos de vista, muito desiludido para sentir o desejo e a força de participar desta obra.

Eu decididamente me retirei da luta e passarei o resto de meus dias numa contemplação não desocupada, bem ao contrário, intelectualmente bem ativa, e que, espero, não deixará de produzir alguma coisa de útil.

Uma das paixões que me domina, neste momento, é uma imensa curiosidade. Uma vez que tive de reco-

# O REPOUSO DE UM GUERREIRO

nhecer que o mal triunfou e que não pude impedi-lo, pus-me a estudar suas evoluções e seus desenvolvimentos com uma paixão quase científica, completamente *objetiva*.

Que atores e que cena. No fundo, e dominando toda a situação na Europa, estão o imperador Guilherme e Bismarck, à frente de um grande povo lacaio. Contra eles, o papa, com seus jesuítas, com toda a Igreja Católica e romana, ricos em bilhões, dominam uma grande parte do mundo através das mulheres, pela ignorância das massas, e pela habilidade incomparável de sus inúmeros filiados, tendo seus olhos e suas mãos em todos os lugares.

Terceiro ator – a civilização francesa encarnada em Mac-Mahon, Dupanloup e Broglie, colocando as correntes em um grande povo em declínio. E em torno de tudo isso, a Espanha, a Itália, a Áustria e a Rússia, fazendo cada uma suas caretas de ocasião, e de longe a Inglaterra, não podendo decidir-se a voltar a ser alguma coisa, e ainda mais longe, a república modelo dos Estados Unidos da América, já se engraçando com a ditadura militar.

Pobre humanidade!

É evidente que ela só poderá sair desta cloaca por uma imensa revolução social. Mas como fará esta revolução? Nunca a reação internacional da Europa esteve tão formidavelmente armada contra todo movimento popular. Ela fez da repressão uma nova ciência que se ensina sistematicamente nas escolas militares aos tenentes de todos os países. E para atacar esta fortaleza inexpugnável, o que temos? As massas desorganizadas.

Mas como organizá-las quando elas não são suficientemente apaixonadas por sua própria salvação, quando
não sabem o que devem querer e quando não querem a
única coisa que pode salvá-las?!

Resta a propaganda, tal como a fazem os jurassianos
e os belgas. É alguma coisa, sem dúvida, mas muito
pouca coisa, algumas gotas de água no oceano; e se não
houvesse outro meio de salvação, a humanidade teria
tido tempo de apodrecer dez vezes antes de ser salva.

Resta uma outra esperança: a guerra universal. Estes imensos Estados militares devem entredestruir-se e
*entredevorar-se, cedo ou tarde.* Mas que perspectiva!

## [A ADOLF REICHEL E MARIJA KASPAROVNA REICHEL-ERN]
*Lugano, Suíça, 19 de outubro de 1875*

[...]

E tu, meu velho amigo, como estás? Como teu
mundo interior pode conceber a santidade numa relação com a atmosfera pestilenta da reação que triunfa
em toda parte e com as difíceis condições da vida em
sociedade? No que me concerne, tornei-me um per-
feito eremita e tento reencontrar meu eu antigo por
meio da contemplação silenciosa. Não sei se consigui-
rei isso. Mas devo confessar-te algo: afastado da vida
ativa, corro o risco de me "bismarckizar". Todavia, não
é Bismarck em si mesmo que odeio – ele é um tipo co-
erente consigo próprio – é o bismarckismo de outrora
que odeio de todo meu coração. Odeio ainda mais o clericalismo, o catolicismo que mais uma vez triunfa sobre

# O REPOUSO DE UM GUERREIRO

nós em todos os campos ou que parece vencer-nos. É uma afronta à humanidade, uma afronta a tudo o que é racional, correto e humano em nós. Não daria importância aos padres se eles limitassem suas atividades a embrutecer ainda mais aqueles que já são verdadeiros asnos, mas na França, na Itália, na Espanha, na Bélgica e na Suíça em inúmeros cantões, por exemplo no cantão de Tessino, eles detêm em suas mãos estúpidas toda a educação das crianças, do futuro; e é realmente uma catástrofe, pois eles não se contentam em preencher de mentiras os corações e as cabeças dos jovens; não, eles falseiam sistemática e fundamentalmente, poder-se-ia dizer, a natureza orgânica e toda a sua atividade e evolução naturais. Eles criam mentirosos e escravos. E embora eu saiba pertinentemente que Bismarck não combate a religião de Deus senão com o objetivo de substituí-la pela religião do Estado, que eu sempre odiei, e pela subjugação ao Estado, devo reconhecer que, se não houvesse atualmente na Europa uma política bismarckiana, estaríamos todos quase devorados pelos curas. Parece-me que é de novo útil apelar para o velho enciclopedista caído no esquecimento: "Esmaguemos a infâmia". E assim como na época de meu bom e antigo fanatismo eu tinha o costume de dizer: é preciso entregar-se a Deus! Do mesmo modo, agora, torno a preocupar-me com a justiça abstrata: tudo o que pode causar a ruína do clericalismo e dos padres convém-me completamente. Associo-me, pois, às cores dos enganadores e transformo-me, inclusive, por enquanto, *nolens*

# BAKUNIN

*volens*,[4] em "bismarckiano". Abraço-te carinhosamente como a todos os vossos filhos.

Vosso M. Bakunin

---

[4]Querendo ou não. [N. do E. ]

# CRONOLOGIA[†]

**18 de maio de 1814**
Nasce Mikhail Alexandrovitch Bakunin, em Premukhino, província do Tver.

**De 1828 a 1835**
Estuda na Escola de Artilharia de São Petersburgo.

**Março de 1835**
Encontra N. V. Stankevitch em uma de suas viagens a Moscou.

**Outubro de 1835**
Inicia a participação no Círculo de Stankevitch.

**De 1836 a 1840**
Instala-se em Moscou e faz viagens frequentes a Premukhino, Torjok e Tver. A partir de 1837, lança-se aos estudos filosóficos e apaixona-se pela teoria de Hegel.

**Fins de março e início de abril de 1840**
Torna-se amigo de A. Herzen.

**29 de junho de 1840**
Parte para a Alemanha.

[†] Elaborada por Felipe Corrêa a partir do original de Natalia Pirumova.

## De 1840 a 1842

Reside em Berlim e faz viagens a Dresden. A filosofia é sua principal ocupação.

## Outubro de 1842

Sob o pseudônimo de Jules Elysard, publica o artigo "A reação na Alemanha".

## Janeiro de 1843

Parte para Zurique.

## Fevereiro de 1844

Intimado pelo governo czarista a voltar para a Rússia, recusa.

## Dezembro de 1844

O senado o destitui de seu posto e de seu título de nobreza. É ameaçado de degredo à Sibéria se voltar à Rússia.

## De 1844 a 1847

Reside em Paris, onde se une aos representantes da democracia europeia. Aproxima-se de P. -J. Proudhon e conhece K. Marx.

## 18 de novembro de 1847

Discursa na manifestação dos poloneses pelo aniversário da insurreição polonesa de 1831.

## Dezembro de 1847

O governo francês o expulsa. Parte para Bruxelas.

## Fevereiro de 1848

A República é proclamada na França. Retorna a Paris. Participa das barricadas na "Primavera dos Povos".

## CRONOLOGIA

**Março de 1848**
Deixa Paris.

**Junho de 1848**
Participa do Congresso Eslavo e da Insurreição de Praga.

**Fins de 1848 e início de 1849**
Passa por Praga, Köethen, Leipzig (onde prepara a Insurreição da Boêmia), estabelecendo-se em Dresden.

**Maio de 1849**
Publica seu "Apelo aos eslavos" e participa da Insurreição de Dresden. Aprofunda relações com o músico R. Wagner. Aprisionado e encarcerado na prisão de Dresden.

**Julho de 1849**
Transferido para a Fortaleza de Königstein.

**14 de janeiro de 1850**
Condenado à pena de morte pelo tribunal da Saxônia.

**Junho de 1850**
A pena é comutada em prisão perpétua. Extraditado para Praga e livrado às autoridades austríacas. Encarcerado na prisão de Praga.

**14 de março de 1851**
Transferido para a Fortaleza de Olmütz.

## Maio de 1851

Entregue às autoridades russas, é jogado na Fortaleza de Pedro e Paulo em São Petersburgo. Redige sua "Confissão".

## Março de 1854

Transferido a Schlüsselburg, onde ficará até 1857.

## Fevereiro de 1857

Escreve ao czar Alexandre II e consegue que a detenção seja comutada em deportação à Sibéria, onde permanecerá até 1861.

## 5 de outubro de 1858

Casa-se com Antonia K. Kwiatkowska.

## Primavera de 1859

Parte para Irkutsk.

## Junho a dezembro de 1861

Processo de fuga: sai da Sibéria, passa pelo rio Amur, pelo Japão e pelos Estados Unidos, chegando finalmente à Europa.

## Dezembro de 1861

Chega em Londres, onde reencontra A. Herzen e N. Ogarev, editores do *Kolokol*.

## 1862

Redige "Aos russos, poloneses e todos os amigos eslavos" e "A causa do povo: Romanov, Pugatchev ou Pestel?".

## Início de 1863

Tenta juntar-se à insurreição polonesa, sem sucesso. Reside na Suécia até outubro.

CRONOLOGIA

### Janeiro de 1864
Passa pela Itália.

### 1864
Funda na Itália a sociedade secreta Fraternidade Internacional.

### De 1865 a 1867
Reside em Nápoles.

### 1866
Redige os documentos programáticos da Fraternidade: "Catecismo revolucionário" e "Organização".

### De 1867 a 1869
Reside em Genebra.

### Setembro de 1867
Participa do Congresso da Liga da Paz e da Liberdade.

### Fins de 1867 e início de 1868
Escreve e difunde "Federalismo, socialismo e antiteologismo".

### Julho de 1868
Adere à seção genovesa da Primeira Internacional.

### Setembro de 1868
Participa do segundo Congresso da Liga da Paz e da Liberdade, rompendo ao final.

## Outono de 1868

Publica em colaboração com N. Jukovski o primeiro número do periódico *Narodnoe Delo* (A Causa do Povo).

## Outubro de 1868

Funda a Aliança da Democracia Socialista e redige seus estatutos.

## Fins de 1868

Escreve o "Programa da Sociedade da Revolução Internacional", o programa da Aliança.

## Março de 1869

Começa a colaborar com S. Netchaiev.

## Abril a agosto de 1869

Contribui com Netchaiev, ajudando-o a escrever material de propaganda.

## Setembro de 1869

Participa do Congresso da Internacional na Basileia.

## Outubro de 1869

Parte para Locarno.

## Junho de 1870

Rompe com Netchaiev.

## Setembro de 1870

Redige "Cartas a um francês sobre a crise atual". Participa da Insurreição de Lyon.

# CRONOLOGIA

## 1871

Escreve "O império cnuto-germânico e a revolução social", "O princípio do Estado", "Três conferências feitas aos operários do vale de Saint Imier", "Protestação da Aliança" e "A teologia política de Mazzini e a Internacional".

## De 1871 a 1873

Redige "Estatismo e anarquia".

## Setembro de 1872

Excluído da Internacional, no Congresso de Haia. Participa, em seguida, do congresso na Suiça que funda a "Internacional Antiautoritária".

## Novembro a dezembro de 1872

Escreve "Escrito contra Marx" e "Carta ao jornal *La Liberté* de Bruxelas".

## Agosto de 1873

Instala-se na Vila Baronata, em Locarno.

## Outubro de 1873

Retira-se da "Internacional Antiautoritária" e também da Federação Jurassiana.

## Julho de 1874

Participa da Insurreição de Bolonha. Vai para Lugano.

## 1º de julho de 1876

Morre em Berna.

# COLEÇÃO DE BOLSO HEDRA

1. *Iracema*, Alencar
2. *Don Juan*, Molière
3. *Contos indianos*, Mallarmé
4. *Auto da barca do Inferno*, Gil Vicente
5. *Poemas completos de Alberto Caeiro*, Pessoa
6. *Triunfos*, Petrarca
7. *A cidade e as serras*, Eça
8. *O retrato de Dorian Gray*, Wilde
9. *A história trágica do Doutor Fausto*, Marlowe
10. *Os sofrimentos do jovem Werther*, Goethe
11. *Dos novos sistemas na arte*, Maliévitch
12. *Mensagem*, Pessoa
13. *Metamorfoses*, Ovídio
14. *Micromegas e outros contos*, Voltaire
15. *O sobrinho de Rameau*, Diderot
16. *Carta sobre a tolerância*, Locke
17. *Discursos ímpios*, Sade
18. *O príncipe*, Maquiavel
19. *Dao De Jing*, Laozi
20. *O fim do ciúme e outros contos*, Proust
21. *Pequenos poemas em prosa*, Baudelaire
22. *Fé e saber*, Hegel
23. *Joana d'Arc*, Michelet
24. *Livro dos mandamentos: 248 preceitos positivos*, Maimônides
25. *O indivíduo, a sociedade e o Estado, e outros ensaios*, Emma Goldman
26. *Eu acuso!*, Zola | *O processo do capitão Dreyfus*, Rui Barbosa
27. *Apologia de Galileu*, Campanella
28. *Sobre verdade e mentira*, Nietzsche
29. *O princípio anarquista e outros ensaios*, Kropotkin
30. *Os sovietes traídos pelos bolcheviques*, Rocker
31. *Poemas*, Byron
32. *Sonetos*, Shakespeare
33. *A vida é sonho*, Calderón
34. *Escritos revolucionários*, Malatesta
35. *Sagas*, Strindberg
36. *O mundo ou tratado da luz*, Descartes
37. *O Ateneu*, Raul Pompeia
38. *Fábula de Polifemo e Galateia e outros poemas*, Góngora
39. *A vênus das peles*, Sacher-Masoch
40. *Escritos sobre arte*, Baudelaire
41. *Cântico dos cânticos*, [Salomão]
42. *Americanismo e fordismo*, Gramsci
43. *O princípio do Estado e outros ensaios*, Bakunin
44. *O gato preto e outros contos*, Poe
45. *História da província Santa Cruz*, Gandavo
46. *Balada dos enforcados e outros poemas*, Villon
47. *Sátiras, fábulas, aforismos e profecias*, Da Vinci
48. *O cego e outros contos*, D.H. Lawrence
49. *Rashômon e outros contos*, Akutagawa
50. *História da anarquia (vol. 1)*, Max Nettlau
51. *Imitação de Cristo*, Tomás de Kempis
52. *O casamento do Céu e do Inferno*, Blake
53. *Cartas a favor da escravidão*, Alencar
54. *Utopia Brasil*, Darcy Ribeiro
55. *Flossie, a Vênus de quinze anos*, [Swinburne]
56. *Teleny, ou o reverso da medalha*, [Wilde et al.]
57. *A filosofia na era trágica dos gregos*, Nietzsche
58. *No coração das trevas*, Conrad
59. *Viagem sentimental*, Sterne
60. *Arcana Cœlestia e Apocalipsis revelata*, Swedenborg
61. *Saga dos Volsungos*, Anônimo do séc. XIII
62. *Um anarquista e outros contos*, Conrad
63. *A monadologia e outros textos*, Leibniz

64. *Cultura estética e liberdade*, Schiller
65. *A pele do lobo e outras peças*, Artur Azevedo
66. *Poesia basca: das origens à Guerra Civil*
67. *Poesia catalã: das origens à Guerra Civil*
68. *Poesia espanhola: das origens à Guerra Civil*
69. *Poesia galega: das origens à Guerra Civil*
70. *O chamado de Cthulhu e outros contos*, H.P. Lovecraft
71. *O pequeno Zacarias, chamado Cinábrio*, E.T.A. Hoffmann
72. *Tratados da terra e gente do Brasil*, Fernão Cardim
73. *Entre camponeses*, Malatesta
74. *O Rabi de Bacherach*, Heine
75. *Bom Crioulo*, Adolfo Caminha
76. *Um gato indiscreto e outros contos*, Saki
77. *Viagem em volta do meu quarto*, Xavier de Maistre
78. *Hawthorne e seus musgos*, Melville
79. *A metamorfose*, Kafka
80. *Ode ao Vento Oeste e outros poemas*, Shelley
81. *Oração aos moços*, Rui Barbosa
82. *Feitiço de amor e outros contos*, Ludwig Tieck
83. *O corno de si próprio e outros contos*, Sade
84. *Investigação sobre o entendimento humano*, Hume
85. *Sobre os sonhos e outros diálogos*, Borges | Osvaldo Ferrari
86. *Sobre a filosofia e outros diálogos*, Borges | Osvaldo Ferrari
87. *Sobre a amizade e outros diálogos*, Borges | Osvaldo Ferrari
88. *A voz dos botequins e outros poemas*, Verlaine
89. *Gente de Hemsö*, Strindberg
90. *Senhorita Júlia e outras peças*, Strindberg
91. *Correspondência*, Goethe | Schiller
92. *Índice das coisas mais notáveis*, Vieira
93. *Tratado descritivo do Brasil em 1587*, Gabriel Soares de Sousa
94. *Poemas da cabana montanhesa*, Saigyô
95. *Autobiografia de uma pulga*, [Stanislas de Rhodes]
96. *A volta do parafuso*, Henry James
97. *Ode sobre a melancolia e outros poemas*, Keats
98. *Teatro de êxtase*, Pessoa
99. *Carmilla – A vampira de Karnstein*, Sheridan Le Fanu
100. *Pensamento político de Maquiavel*, Fichte
101. *Inferno*, Strindberg
102. *Contos clássicos de vampiro*, Byron, Stoker e outros
103. *O primeiro Hamlet*, Shakespeare
104. *Noites egípcias e outros contos*, Púchkin
105. *A carteira de meu tio*, Macedo
106. *O desertor*, Silva Alvarenga
107. *Jerusalém*, Blake
108. *As bacantes*, Eurípides
109. *Emília Galotti*, Lessing
110. *Contos húngaros*, Kosztolányi, Karinthy, Csáth e Krúdy
111. *A sombra de Innsmouth*, H.P. Lovecraft
112. *Viagem aos Estados Unidos*, Tocqueville
113. *Sobre a filosofia e seu método*, Schopenhauer
114. *Émile e Sophie ou os solitários*, Rousseau
115. *Manifesto comunista*, Marx e Engels
116. *A fábrica de robôs*, Karel Tchápek
117. *Sobre a filosofia e seu método – Parerga e paralipomena*, Schopenhauer
118. *O novo Epicuro: as delícias do sexo*, Edward Sellon
119. *Revolução e liberdade: cartas de 1845 a 1875*, Bakunin

| | |
|---:|:---|
| Edição _ | Felipe Corrêa Pedro e Jorge Sallum |
| Coedição _ | Bruno Costa e Iuri Pereira |
| Capa e projeto gráfico _ | Júlio Dui e Renan Costa Lima |
| Programação em LaTeX _ | Marcelo Freitas |
| Revisão _ | Felipe Corrêa Pedro |
| Assistência editorial _ | Bruno Oliveira |
| Colofão _ | Adverte-se aos curiosos que se imprimiu esta obra em nossas oficinas em 15 de setembro de 2010, em papel off-set 90 gramas, composta em tipologia Minion Pro, em GNU/Linux (Gentoo, Sabayon e Ubuntu), com os softwares livres LaTeX, DeTeX, vim, Evince, Pdftk, Aspell, svn e TRAC. |